Über das Buch:

Als Rudi-Marek Dutschke geboren wurde, war sein Vater tot. Er starb Weihnachten 1979 an den Kugeln, die ihm Josef Bachmann 1968 in den Kopf geschossen hatte. Mehr als zwanzig Jahre später reist der Sohn nach Berlin, um herauszufinden, wer Rudi Dutschke wirklich war. Wie sehen ihn die Menschen, mit denen er damals kämpfte oder stritt? Was ist aus den Zielen der APO geworden? Antworten findet Rudi-Marek bei den Grünen, die sein Vater mitgegründet hat. Der Sohn wundert sich: Viele Menschen haben in den sechziger und siebziger Jahren auf der Straße demonstriert gegen Kapitalismus und Krieg. Warum tun sie es nicht mehr? Haben sie ihr Gewissen verkauft? Hat sich der Kapitalismus gewandelt? Oder war es falsch, Profitstreben und Menschenrechtsverletzungen anzuprangern? Ihre erfolgreichste Zeit hatten die Grünen als »zweite APO« (Rudi Dutschke). In Regierung und Parlament können sie heute zu wenig bewegen. Deshalb fordert der Autor eine dritte APO – gegen Umweltzerstörung und Krieg.

Über den Autor:

Rudi-Marek Dutschke, geboren 1980, wuchs auf in Århus (Dänemark), Cambridge (USA) und in Hamburg. Er absolvierte die Highschool in Newton (Massachusetts) und studiert Germanistik und Politik an der Universität Massachusetts in Amherst. Im September 2000 unterbrach er sein Studium für ein Jahr, um in Berlin ein Praktikum bei der Bundestagsfraktion von Bündnis 90/Die Grünen zu machen.

Rudi-Marek Dutschke

Spuren meines Vaters

Kiepenheuer & Witsch

Mitarbeit: Christian v. Ditfurth

Originalausgabe
1. Auflage 2001

© 2001 by Verlag Kiepenheuer & Witsch, Köln
Alle Rechte vorbehalten. Kein Teil des Werkes
darf in irgendeiner Form (durch Fotografie, Mikrofilm
oder ein anderes Verfahren) ohne schriftliche
Genehmigung des Verlages reproduziert oder unter
Verwendung elektronischer Systeme verarbeitet,
vervielfältigt oder verbreitet werden.
Umschlaggestaltung: Barbara Thoben, Köln
Umschlagfoto: © Berliner Zeitung/Fröhling
Gesetzt aus der Stone Serif und Univers Condensed
Druck und Bindearbeiten: Clausen & Bosse, Leck
ISBN 3-462-03038-8

»Mein Wunsch für die Zukunft sind Freiheit, Frieden und Sicherheit in einem sozialen und befreienden Sinne. Daher sind Demokratie und Sozialismus weiterhin meine Grundhoffnung.«
Rudi Dutschke, Dezember 1979

Inhalt

Berlin

Als ich Ende August 2000 aus Newton in den Vereinigten Staaten nach Berlin kam, wusste ich nicht, dass mein Vater immer noch ein Star ist in Deutschland. Eine Ikone der Politik. Eine Ikone aber wollte Rudi nie sein. Personenkult war ihm zuwider. Er hatte sich zu Lebzeiten immer dagegen gewehrt, wollte auch nie offizielle Funktionen übernehmen. Es gab im SDS viele Genossen, die sich nicht weniger engagierten als Rudi. Und sie taten es nicht viel schlechter. Und doch denken viele Menschen zuerst an Rudi, wenn sie von der Außerparlamentarischen Opposition, der APO, sprechen. Vielleicht liegt es auch daran, dass er seinen Grundsätzen treu blieb. Von anderen kann man das nicht behaupten, und nicht immer sind es ehrenvolle Gründe, die das Umdenken förderten. Manche haben ihren Frieden mit dem Kapitalismus gemacht. Gewiss, man sollte nicht spekulieren, was Rudi heute denken würde. Aber hätte er sich mit dem Kapitalismus ausgesöhnt? Hätte er nicht heute vielmehr weitere Gründe gefunden, Profitstreben und Wachstumsfetischismus anzugreifen?

Rudi kann sich nicht mehr wehren gegen die Heldenverehrung. Er starb Heiligabend 1979 an der Kugel, die Josef Bachmann ihm im April 1968 in den Kopf geschossen hatte. Die »Bild«-Zeitung des Springer-Verlags hatte die Menschen aufgehetzt gegen die Studentenrevolte. Damals forderten viele brave Bürger: »Tod der roten Pest!«, »Politische Feinde ins KZ!«, und sie waren sich sicher: »Bei Adolf wäre das nicht passiert.« Auch Bachmann ließ sich anstecken von der Hysterie.

Axel Springers Witwe hat mir vor einiger Zeit geschrieben, ihr Mann sei ein Opfer gewesen, angefeindet von allen Seiten. »Schuld am Tod Ihres Vaters kann Axel Springer gar nicht gewesen sein.« Was hatte »Bild« damals geschrieben? »Stoppt den Terror der Jungroten jetzt!« Und: »Man darf nicht die ganze Drecksarbeit der Polizei überlassen.« So ist es gekommen. Es ist nicht das erste Mal, dass Täter als Opfer dargestellt werden.

Rudi hat seinen Mörder nicht gehasst und nicht verachtet. Er hielt ihn für ein Opfer, nicht zuletzt der Springer-Presse. Er schrieb Bachmann, der im Gefängnis dreimal versuchte, sich zu töten: »Versuch nicht mehr, Dich selbst umzubringen. Der antiautoritäre Sozialismus nimmt auch für Dich Partei.«

Du wolltest mich umbringen. Aber auch wenn Du es geschafft hättest, so hätten Dich die herrschenden Cliquen, von Kiesinger[*] bis Springer[**], von Barzel[***] bis Thadden[****] wiederum umgebracht. Lass nicht zu, dass sie Dich angreifen. Greif Du die Cliquen an der Macht an! Warum haben sie Dich bis heute zu diesem verdammten Leben verurteilt? Warum bist Du und mit Dir die unterdrückten Massen unseres Volkes ausgebeutet worden? Warum wirst Du weiterhin ausgebeutet werden? Warum zerstören sie Dir die Phantasie und jede Entwicklungsmöglichkeit? Ihr müsst Euch Tag für Tag abstrampeln für die Schweine der herrschenden Institutionen, für die Repräsentanten des Kapitals, für die Parteien und Gewerkschaften, für die Agenten der Kriegs-

---

[*] Kurt Georg Kiesinger war Bundeskanzler der großen Koalition aus CDU/CSU und SPD.
[**] Axel Caesar Springer war Gründer und Chef des Springer Verlags.
[***] Rainer Barzel war Vorsitzender der CDU/CSU-Bundestagsfraktion.
[****] Adolf von Thadden war Vorsitzender der NPD.

maschine und die wider das Volk gerichteten Massenkommunikationsmittel, für die Faschisten jeder Partei.
Rudi im Dezember 1968 an den Attentäter Josef Bachmann

Als Rudi noch lebte, war es unvorstellbar, dass Berlin eine ungeteilte Stadt sein könnte. Rudi durfte lange nicht in die DDR reisen, wo seine Eltern lebten. Er war Republikflüchtling und dazu noch Sozialist. Diese Kombination fanden die Machthaber in der DDR besonders gefährlich.

Ein gleichberechtigter Zusammenschluss

Berlin ist heute bestimmt eine der interessantesten Städte der Welt (man möge mir diese Behauptung durchgehen lassen, natürlich kenne ich nur wenige Städte der Erde). Berlin dokumentiert die deutsche Geschichte wie keine andere Stadt. Seine beiden Hälften lagen in verfeindeten Blöcken. Die DDR hatte Ostberlin zur Hauptstadt gemacht und hielt dort gerne Militärparaden ab. Die SED hat sich einige Mühe gegeben, den historischen Kern der Berliner Mitte zu restaurieren, auch um sich Preußens Geschichte unter den Nagel zu reißen. Es wurden nicht nur die Kapitalisten enteignet, sondern auch die deutsche Geschichte. Der Alte Fritz gehörte gewissermaßen zur Nationalen Front der DDR.
Es gibt in ganz Amerika keine Stadt wie Berlin und schon gar keine, die so alt ist. Allein die Mauer ist einzigartig. Rudi hat 1961 mit anderen Jugendlichen gegen den Mauerbau protestiert. Das fällt mir manchmal ein, wenn ich heute Markierungen auf Straßen sehe, die den Verlauf der Mauer nachzeichnen. Es ist ein Gewinn,

15

dass die Diktatur der SED gestürzt wurde. Das hat Rudi sich immer gewünscht.

Ich bin ein wenig stolz, einer Partei anzugehören, die sich mit damaligen Revolutionären im Osten zusammengeschlossen hat. Das zeigt sich im Namen Bündnis 90/Die Grünen. Keine andere Partei zeigt in ihrem Namen, dass sie aus einem gleichberechtigten Zusammenschluss entstanden ist. Ausgenommen die PDS, sind allerdings in allen Parteien die Ostdeutschen schwach vertreten, und längst ist auch Bündnis 90/Die Grünen fast zu einer Westpartei geworden. Zu ihrem Führungskreis zählen Joschka Fischer, Jürgen Trittin, Renate Künast, Fritz Kuhn, Claudia Roth, Rezzo Schlauch, Kerstin Müller. Nicht ein einziger Ostdeutscher erweckt den Verdacht, er würde die Politik der Partei mitbestimmen. In dieser Hinsicht sind die Bündnisgrünen längst hinter CDU und SPD zurückgefallen. Die CDU hat eine Ostdeutsche als Parteivorsitzende, die SPD mit Bundestagspräsident Wolfgang Thierse ein Aushängeschild, auch wenn die einflussreichen Positionen fast durchweg mit Westdeutschen besetzt sind.

Uns Sozialisten und Kommunisten, die aufrecht und nicht ökonomisch-ideologisch gekrümmt an die sozialistische Wiedervereinigung Deutschlands herangehen, muss klar werden, dass der europäische Sozialismus-Kommunismus eine Abstraktion ist, die die konkrete nationale Besonderheit nicht berücksichtigt. Die Verquickung der Nationen im internationalen kapitalistischen Produktionsprozess oder in den strukturell verschiedenen Systemen hat nicht die geschichtliche nationale Substanz aufgehoben. Das gilt besonders für unser Land, für die sozialistische Wiedervereinigung zwischen Rhein und Oder-Neiße. Diese Aufgabe

wird immer mehr eine der Arbeiterklasse in der DDR und der BRD. (...) Der Imperialismus wollte uns mit allen Mitteln spalten, die Gegentendenz beginnt zu wirken.
Rudi, Tagebuch, 1970

Deutschland

Durch sein Eintreten für die deutsche Einheit unterschied sich Rudi von den meisten seiner Genossen. Er begriff seine Haltung nicht als Nationalduselei nach Art der Konservativen, sondern als Kritik an den Machtverhältnissen in Ost und West. Damit setzte sich Rudi zwischen alle Stühle, aber das ist manchmal der beste Platz. Rudi fühlte sich nicht als DDR- oder BRD-Bürger, er war ein deutscher Revolutionär.

Nie wäre ihm ein Satz über die Lippen gekommen wie: »Ich bin stolz, Deutscher zu sein.« Wie kann man stolz auf eine Eigenschaft sein, an deren Zustandekommen man nicht beteiligt war? Ich kann stolz auf eine Leistung sein, zum Beispiel im Sport oder auf eine gute Note an der Universität. Aber wie sollte ich stolz darauf sein, dass ich als Mann geboren wurde, als Weißer, als Deutschamerikaner oder als was sonst?

Wenn Leute aus der rechten Ecke stolz darauf sind, Deutsche zu sein, dann meinen sie vor allem das Dritte Reich und den letzten Krieg. Sie wehren damit die Kritik ab an der Judenvernichtung und allen sonstigen Grausamkeiten der Nazis. Sie wollen auch auf diese Zeit stolz sein. Oder vielleicht sogar vor allem auf diese Zeit.

Und manche unter den Konservativen mühen sich schon lange, das Dritte Reich zu »historisieren«, es also einzuordnen als eine Episode unter anderen, wie etwa die Weimarer Republik. Nun unterscheidet sich

Geschichte von Chronologie. Geschichte gewichtet, und manches Jahr oder Jahrzehnt hat künftige Entwicklungen stärker geprägt als manches Jahrhundert. Nationalsozialismus und Zweiter Weltkrieg umfassten nur zwölf Jahre, aber sie haben das 20. Jahrhundert überschattet wie sonst nichts, sie haben die Weltgeschichte geprägt bis in unsere Zeit. Der fabrikmäßige Mord an Millionen von 1941 bis 1944 ist einzigartig. Er wiegt schwerer als jede andere Zeitspanne in der Geschichte.

Deutschland hat im letzten Jahrhundert zwei Weltkriege angezettelt. Deutsche haben im Zweiten Weltkrieg Millionen von Menschen umgebracht, nur weil sie Juden, Slawen, Kommunisten, polnische Intellektuelle oder sonst etwas waren. Es ist Deutschland gelungen, fast alle europäischen Juden zu ermorden. Das war keine kleine Gruppe von Tätern, die insgeheim ihrem blutigen Handwerk nachging, sondern ein riesiger Apparat. Zu ihm gehörten der Ministerialbeamte, der 1933 begann, deutsche Staatsbürger als Juden zu bestimmen; der Polizist, der die Verfügungen zur Umsiedlung in Judenhäuser oder Gettos überbrachte und die Deportationen überwachte; der Soldat, der jüdische Kriegsgefangene an die SS übergab; der Reichsbahner, der die Züge in die Vernichtungslager bereitstellte und führte; der Diplomat, der in verbündeten Staaten auf die Auslieferung jüdischer Bürger drängte; der Finanzbeamte, der die Juden ganz legal ausplünderte; der Industrielle und der Banker, die sich am jüdischen Eigentum bereicherten und so weiter und so fort.

Der Holocaust und all die anderen Massenmorde sind nicht »im deutschen Namen« geschehen, als hätten Monster von einem anderen Planeten in Europa gehaust. Diese Verbrechen haben Deutsche begangen, und zwar erheblich mehr, als später abgeurteilt worden sind.

Kann man darauf stolz sein?

Nein, so haben wir das nicht gemeint, werden jetzt einige Superpatrioten rufen. Was haben sie gemeint? Dass Deutschland 1949 gegründet wurde? Ich habe den Verdacht, es handelt sich bei manchen um eine gewollte Missverständlichkeit. Man sendet Signale aus nach rechts. Und wenn man deswegen angegriffen wird, dementiert man es ganz schnell. Noch leben Täter des Dritten Reichs. Kann man stolz auf diese Landsleute sein? Auf die Mordschützen der SS-Einsatzgruppen? Auf die Deutschen, die Menschen in die Gaskammern trieben und ihre Leichen verbrannten?

Nein, ich bin nicht stolz, Deutscher zu sein.

Bei der Zeitungslektüre stieß ich zufällig auf ein Zitat des deutschen Philosophen Arthur Schopenhauer (1788–1860). Es macht klar, dass der Nationalstolzunsinn eine lange Tradition hat. An seinem Gehalt aber hat sich nichts geändert. Schopenhauer schreibt in seinen »Aphorismen zur Lebensweisheit«:

»Die wohlfeilste Art des Stolzes ist der Nationalstolz. Denn er verrät dem damit Behafteten den Mangel an individuellen Eigenschaften, auf die er stolz sein könnte, indem er sonst nicht zu dem greifen würde, was er mit so vielen Millionen teilt. Wer bedeutende persönliche Vorzüge besitzt, wird vielmehr die Fehler seiner eigenen Nation, da er sie beständig vor Augen hat, am deutlichsten erkennen. Aber jeder erbärmliche Tropf, der nichts in der Welt hat, worauf er stolz sein könnte, ergreift das letzte Mittel, auf die Nation, der er gerade angehört, stolz zu sein: Hieran erholt er sich und ist nun dankbarlich bereit, alle Fehler und Torheiten, die ihr eigen sind, zu verteidigen.«

Amerika

Ich bin auch nicht stolz, Amerikaner zu sein. Ich bin nicht einverstanden mit der Politik meines Landes. Das gilt noch mehr, seit George W. Bush unter zweifelhaften Umständen zum Präsidenten gewählt worden ist. Mir ist der Mann suspekt, schon deswegen, weil er offensichtlich intellektuell nicht das Format hat, das einer haben sollte, wenn er eine so mächtige Position einnimmt.

Wie Ronald Reagan dereinst scheint er eine Figur zu sein, die sich für das Wohl der Reichen in Amerika einsetzt. Koste es, was es wolle. Von nicht zu übertreffender Blindheit ist seine Erklärung, Kohlendioxid sei kein Schadstoff. Kohlendioxid ist das Treibhausgas Nummer eins. Und noch mehr, die neue US-Regierung ist sogar aus dem Kyoto-Abkommen von 1997 ausgestiegen.

Dabei ist das Protokoll von Kyoto ein unzureichender Kompromiss. Aber immerhin haben sich die Nationen zum ersten Mal auf konkrete Schritte geeinigt. Die Industrienationen müssen ihren Treibhausgasausstoß bis zum Jahr 2010 um durchschnittlich 5,2 Prozent gegenüber 1990 senken, die Länder der Europäischen Union um 8 Prozent, die USA um 7 Prozent, Japan und Kanada um 6 Prozent. Den Entwicklungsländern wurden keine Grenzen gesetzt. Außer Kohlendioxid wurden in Kyoto auch Methan, Distickstoffoxid, Fluorchlorkohlenwasserstoffe und Schwefelhexafluorid als Treibhausgase aufgelistet.

Die Erwärmung des Erdklimas, die nun auch die UNO alarmiert hat, ist zuerst auf den Ausstoß von Kohlendioxid in den Industriestaaten zurückzuführen. Um ein neues Klimagleichgewicht zu ermöglichen, müssten die Kohlendioxidemissionen um mehr als die Hälfte verringert werden – das zeigt, wie unzulänglich die Vereinbarungen von Kyoto sind. Die Treibhausgasemissionen steigen weiter. Eine Zurücknahme kostet Geld, und das Geld will Bush einsparen. Damit die Profite der Unternehmer nicht leiden. Es ist eine archaische Politik, die ausblendet, dass es um das Überleben der Menschheit geht. Wenn alle Menschen so lebten wie die Amerikaner, wäre das Ökosystem Erde längst zusammengebrochen. Diese Aussage trifft grundsätzlich auch auf die Europäer zu, auch wenn deren Ökobilanz nicht so krass ausfällt wie etwa die der Kalifornier. Eine Gesellschaftsordnung aber, die nicht weltweit ertragen werden kann, ist nicht nachhaltig. Aus globaler Sicht betrachtet, ist unsere Lebensweise asozial.

Nun hat schon die Clinton-Regierung gebremst, wo immer sie konnte, wenn es um Klimapolitik ging. Die Bush-Regierung nun kennt offenbar gar keine Klimapolitik mehr. Viel wichtiger als alles Geklingel um Personen und Schlagwörter wäre es, wenn die Europäer den Amerikanern klar machten, dass sie ihre Umweltpolitik grundlegend ändern müssen. Allerdings stimmen zwei Tatsachen wenig optimistisch: Zum einen ist die Umweltpolitik der Europäer zwar besser als die der Amerikaner, aber sie findet ihre Grenze auch am Wachstumsbedürfnis der Wirtschaft. Zweitens scheint es mir unmöglich, der gegenwärtigen amerikanischen Regierung klimapolitisch Vernunft beizubringen. Ihre Politik richtet sich gegen den Rest der Welt, es handelt sich um Ökoimperialismus. Diese Form der Aggression ist nicht weniger gefährlich als Krieg, auch wenn sie unauffälliger daherkommt.

Bush – ein gefährlicher Mann

Ich bin schon deshalb nicht stolz, Amerikaner zu sein, weil auch die US-Außenpolitik nach wie vor imperialistisch ist. Natürlich ist der irakische Diktator Saddam Hussein eine brutale und gefährliche Person. Aber warum muss das irakische Volk doppelt darunter leiden: einmal unter dem Diktator, zum anderen unter den Sanktionen. Kinder verhungern oder sterben an Krankheiten, weil es zu wenig zu essen und kaum Medikamente gibt. Währenddessen beschafft sich Saddam über schwarze Kanäle alles, was er braucht für sein Luxusleben. Die zynische Rechnung, man müsse die Iraker nur lange genug hungern lassen, bis sie Saddam stürzen, ist natürlich nicht aufgegangen. Es wundert mich nicht, dass Bush mit seinem Amtsantritt den Irak bombardieren ließ. Die Welt sollte sehen, dass der Cowboy gerne schießt.

Der Zynismus paart sich mit Heuchelei, wenn man sich die Staaten anschaut, die Amerikas Verbündete sind im Kampf gegen den Irak. Hauptpartner Saudi-Arabien ist eine feudale Diktatur, von demokratischen Rechten keine Spur, schon gar nicht für Frauen. Die vor dem ersten Golfkrieg versprochene Einführung der Demokratie in Kuwait fand nicht statt. Überhaupt ist unter Amerikas arabischen Alliierten kein Staat, der die Menschenrechte achtet.

Ich habe in den vergangenen Jahren versucht schlau zu werden aus der amerikanischen Politik. Dazu habe ich unter anderem ein Seminar an der Universität von Massachusetts in Amherst besucht: »Einführung in die amerikanische Politik.« Man sollte glauben, dass ich dort befriedigende Antworten erhalten hätte. Leider nicht. Unser Professor, ein Liberaler, erklärte, die amerikanische Politik sei populistisch. Er behauptete, die Einflüsse der vielen Pressure Groups würden sich gegenseitig ausgleichen, also etwa die Interessen der Tabakindustrie und die der Umweltschützer. In diesem Prozess, einer Art Kräfteparallelogramm, werde die Stimme des Volks erkennbar. Wenn das wahr wäre, hätte Bush, der selbst nach US-Maßstäben rechts steht, nicht Präsident werden können. Und die Politik, die er betreibt, hat nichts zu tun mit einem Ausgleich der Interessen. Stattdessen bedient er die Profitsucht der Rüstungsindustrie, der Erdölindustrie oder der Energieversorger. Die Mehrheit der Amerikaner wollte gewiss keinen Präsidenten haben, der der Industrie freiwillige Umweltschutzmaßnahmen anbietet statt gesetzlicher Auflagen, der die christlichen Fundamentalisten unterstützt und sich gegen Abtreibung ausspricht. Der Mann ist ein Werkzeug der Konzerninteressen. Die Konzerne haben seinen Wahlkampf finanziert, und das nicht ohne Grund. Jetzt wollen sie noch mehr verdienen als ohnehin schon.

Von meinem Professor habe ich etwas erfahren über die Theorie des Pluralismus, aber nicht über die Zustände in den USA. Sonst wäre es zum Beispiel nicht möglich, dass Kohlendioxid plötzlich nicht mehr als Schadstoff gilt. Ein Einfluss der Umweltschützer, von denen es in den USA nicht wenige gibt, ist in dieser Politik nicht zu erkennen.

Ich habe keine sinnvollen Möglichkeiten gefunden, mich in den USA politisch zu engagieren. Da gibt es zwar Organisationen wie etwa den Demokraten-Club oder an meiner Universität den Studentenrat, der so eine Art AStA (Allgemeiner Studenten-Ausschuss) ist. Aber sie besitzen kaum Einfluss und befassen sich mit banalen Fragen wie Parkplätzen. Natürlich ist auch vieles an der Parteiarbeit in Deutschland unwichtig und langweilig, manchmal geradezu nervig. Aber es verbindet sich mit Projekten, die einen höheren Anspruch haben, meistens jedenfalls. Ich will nicht unterschätzen, dass auch Kleinarbeit und Routinetätigkeiten wichtig sind. Man darf nicht nur Visionen hinterherlaufen, sondern muss auch kurzfristige Ziele beschreiben und erreichen. Aber wenn die große Sicht auf die Dinge verloren geht, wenn man keine Strategien in zentralen Punkten entwickelt, dann büßt die Politik an Sinn ein. Dann verheddert man sich im taktischen Klein-Klein und vergeudet Energie und Enthusiasmus.

Aber wer hat in den USA noch Visionen, für die es sich zu kämpfen lohnte? Die beiden großen Parteien nicht. Ihre Programme ließen sich zum großen Teil folgenlos gegeneinander austauschen. Das ist ein Grund dafür, dass immer weniger Amerikaner wählen gehen. Wenn es sowieso egal ist, wen man wählt, dann braucht man sich diese Mühe nicht zu machen. Die Wahlen selbst sind entpolitisiert. Die Kandidaten geben ein paar Glaubensbekenntnisse von sich, und sonst geht es nur noch um Personen. Oder darum, ob George W. Bush in seiner Jugend Alkohol getrunken hat oder wie lange Al Gore seine Frau öffentlich küsst. Erstaunlicher noch als das ist die Tatsache, dass sich niemand totlacht über diesen Quatsch. Da beklagen sich Politiker über das Desinteresse der Wähler und sind doch selbst die Hauptursache.

In Deutschland gilt es inzwischen als schick, amerikanische Wahlkämpfe zu führen. Vor allem die SPD hält sich einiges zugute darauf. Sie setzt immer mehr auf Personen, und Erfolge scheinen ihr Recht zu geben. Gleichzeitig drängeln sich alle Parteien in der so genannten Mitte, was immer das sein mag. Schwinden die Unterschiede zwischen den Programmen und der Politik und geht es mehr und mehr um Personen, werden sich auch die Wähler in Deutschland bald fragen, ob das Wählen noch einen Sinn hat. Auch hier sinkt die Wahlbeteiligung, wie es sich zum Beispiel bei den Landtagswahlen in Rheinland-Pfalz und Baden-Württemberg im März 2001 gezeigt hat. Das sollten die Damen und Herren Politiker bei ihrem Jubel nicht vergessen. Verringert sich die Wahlbeteiligung, dann verringert sich die Basis der Demokratie. Es gilt auch für die Grünen: Je verwechselbarer sie werden, desto überflüssiger erscheinen sie den Wählern.

Es kommt noch etwas anderes hinzu. Wenn die Politik uniform wird, dann haben Rechtsextreme mehr Chancen auf Wählerstimmen. Dann suchen sich Leute, die oppositionell stimmen wollen, die einzige Opposition aus, die in ihren Augen diesen Namen verdient, weil die Rechten gegen »das System« sind. Man muss den Wählern klare linke Positionen anbieten, es hilft auch im Kampf gegen Rechts. Es ist ja kein Zufall, dass die NPD zunehmend auf eine antikapitalistische Masche setzt.

Aber zurück nach Amerika. Bush lässt sich gern mit Bomberjacke und auffälligen Cowboystiefeln fotografieren. Als Gouverneur von Texas hat er sich als Anhänger der Waffenlobby erwiesen und ein Gesetz auf den Weg gebracht, wonach alle Texaner mit versteckter Schusswaffe herumlaufen dürfen, wenn sie sich – was nicht schwierig ist – die Lizenz dafür besorgen. Bush ist außerdem Rekordhalter bei Hinrichtungen. Er behauptet tatsächlich, es sei in seiner Zeit noch nie ein Unschuldiger hingerichtet worden. Aber selbst wenn es so wäre, die Todesstrafe ist ein Anachronismus, ein Bruch mit jeder Idee von moderner Zivilisation, sie ist ein grausamer Akt der Rache.

Es gibt also keinen Grund zu hoffen, Bush würde weniger oft zu Gewalt greifen als sein Vorgänger. Nicht umsonst hat er einen General zum Außenminister gemacht. Auch wenn er öffentlich erklärt, er trete für Abrüstung ein, glaube ich ihm kein Wort. Von Abrüstung redet er nur, um sein Lieblingsprojekt voranzutreiben, die Nationale Raketenabwehr (National Missile Defense, NMD). Das ist eine Einladung an die Rüstungsindustrie, sich auf Steuerzahlers Kosten dumm und dusselig zu verdienen. Das stand schon als wesentliche Triebkraft hinter Reagans Star-Wars-Unternehmen. Welcher Staat würde die USA mit Raketen angreifen, wo doch jeder weiß, dass es die Selbstvernichtung bedeutete? Dieser Mechanismus namens Abschreckung herrschte im Kalten Krieg, er wirkt nach wie vor. Die Gefahr besteht aber darin, dass die USA sich in die Lage versetzen, unangreifbar zu sein. Oder sich dies zumindest einbilden. Das würde die Abschreckung aushebeln und eine neue Bedrohung schaffen. Russland und China würden diese Situation nicht hinnehmen. Sie würden entweder selbst eine Raketenabwehr aufbauen oder ihre Raketenarsenale so weit aufrüsten, dass sie NMD durchdringen können.

1972 haben die USA und die Sowjetunion im ABM-Vertrag festgelegt, dass jede Seite nur hundert Abwehrraketen aufstellen darf. Diese Beschränkung erscheint auf den ersten Blick widersinnig, wird aber auf den zweiten Blick klar. Wenn man – »geschützt« durch ein gigantisches Abwehrsystem – glaubt, dass der andere keine Vergeltung üben kann, wächst die Verlockung zum Erstschlag. Das jedenfalls fürchtet der Kontrahent. Und dies verschärft die Lage, fördert das Wettrüsten. Am Ende verringert eine Raketenabwehr nicht die Zahl der Raketen, sondern vergrößert die Gefahr, dass sie eingesetzt werden.

Die Gefahr wächst auch, wenn einer die Finger am Knopf hat, an dessen geistiger Zurechnungsfähigkeit man zweifeln muss. Bush redet manchmal schlichten Blödsinn. Deswegen stellt er sich nie einem Interview, ohne die Fragen vorher zu kennen. Er verwechselt Kokain mit Kakao. Er hat Schwierigkeiten mit der Sprache und mit dem Denken. In keinem Land Europas würde so einer Minister oder gar Regierungschef. Auch wenn die deutsche Regierung auf gut Freund mit Bush macht, der Mann ist gefährlich. Statt sich zu drängeln, um an NMD mitmachen zu dürfen, sollten die Europäer die USA drängen, das Projekt einzustellen. Warum entwickelt man nicht ein Konzept, um die Staaten an einen Tisch zu bekommen, die Massenvernichtungsmittel haben oder entwickeln? Wäre das nicht eine sinnvolle Aufgabe unserer Außen- und Sicherheitspolitik? Kein Wort hört man davon, auch nicht von Joschka Fischer.

Was bin ich?

Ich bin auch nicht stolz, Deutschamerikaner zu sein. Oder Deutschdänischamerikaner. Denn ich wurde im April 1980 in Århus geboren, das ist Dänemarks zweitgrößte Stadt. Meine Eltern sind nach Rudis Entlassung aus dem Krankenhaus in Berlin, in dem ihm Bachmanns Kugeln aus Körper und Kopf operiert worden waren, erst nach Italien gezogen. Dann gingen sie nach England, wo es heftige Auseinandersetzungen über Rudi gab und eine Selbstentlarvung britischer Liberalität, als meine Eltern ausgewiesen wurden. In Dänemark schließlich fand Gretchen Ruhe und Arbeit. Von Århus aus reiste Rudi oft nach Deutschland, um alte Genossen zu besuchen. Er promovierte an der Freien Universität und verbrachte viel Zeit in Berlin. Es fiel ihm schwer, seine Doktorarbeit fertig zu stellen. Erstaunlich, dass er es überhaupt schaffte, nachdem er nach dem Attentat Denken und Sprechen neu lernen musste. Dahinter steckte eine unglaubliche Willenskraft. Ich hoffe, dass ich sie geerbt habe.

Während Rudi sich mit Marcuses Tod herumquälte, ganz in sich gekehrt war und über das Wenige grübelte, das Leben und Tod trennt, beschäftigte ich mich in Gedanken mit einem entgegengesetzten Thema, mit neuem Leben. Ich spürte jede innerliche Regung meines Körpers, jedes Zusammenziehen meines Unterleibs. Ich wusste noch nicht, ob ich wirklich schwanger war, aber ich ahnte es. Zunächst erzählte ich es Rudi nicht, weil er so nachdenklich und traurig war. Mit der Zeit aber schwanden die letzten Zweifel. Ich hatte Angst, wie Rudi reagieren würde – er würde es anders sehen als ich. Ich fühlte mich total ergriffen von dem, was in mir vorging.

Als ich es ihm erzählen musste, schaute er mich voller Erstaunen an: ›Wieso?‹

Warum denken Männer niemals daran, dass Sex zur Schwangerschaft führen kann, und sind fassungslos, wenn es passiert ist? In dieser Hinsicht war Rudi überhaupt nicht rational. Er dachte, die Sache könne leicht erledigt werden, ich solle eine Abtreibung machen lassen. Aber ich wollte das Kind haben.

Beunruhigt fragte er: ›Warum, wie sollen wir das schaffen?‹

›Wir haben es immer geschafft, das werden wir auch schaffen.‹

›Sicher, irgendwie haben wir es geschafft‹, gab er zu. Aber das klang so skeptisch, dass ich lachen musste. Damit war die Diskussion beendet.

Ich sah einen Artikel auf Rudis Schreibtisch, er trug den Titel ›Zum Tod Franz Mareks‹. Ich las: ›1935, als der Austro-

faschismus die einst mächtige austromarxistische Sozialdemokratie zerschlagen hatte, wählte der ehemalige zio-
nistische Mittelschüler Efraim Feuerlicht den Decknamen
Franz Marek, unter dem er für die Nazis berüchtigt und für
die europäischen Kommunisten berühmt werden sollte.‹
Marek war einst der zweitwichtigste Mann der Kommunistischen Partei Österreichs gewesen, hatte aber mit dem Stalinismus gebrochen, als der Warschauer Pakt den Prager
Frühling niederwalzte.
›Kanntest du Franz Marek?‹, fragte ich Rudi. Er sagte: ›Ja,
ich habe ihn in Österreich kennen gelernt. Er war ein guter
Mann. Wir verlieren sie jetzt alle. Bloch, Marcuse, Franz
Marek.‹
Ich wusste nicht, was ich darauf erwidern sollte, und
schwieg. Aber nach einiger Zeit sagte ich: ›Marek, das ist
ein schöner Name für unser Kind.‹
Rudi schaute mich erstaunt an. Dann sagte er: ›Ja. Das
finde ich eine gute Idee. Nach Franz Marek können wir unser
Kind nennen.‹ Damit war es entschieden.
*Gretchen Dutschke, Wir hatten ein barbarisches, schönes
Leben. Rudi Dutschke. Eine Biografie. Kiepenheuer & Witsch,
Köln 1996, S. 459 f.*

Ich habe bis 1985 in Århus gelebt, dann zog meine Mutter mit mir zurück in die USA, nach Cambridge, meine
Schwester Polly und mein Bruder Hosea blieben in
Dänemark, wo sie heute noch leben. Ich ging ein Jahr in
einen Kindergarten in Cambridge und besuchte eine
Art Gesamtschule bis zur vierten Klasse. 1985 bis 1990
lebte ich mit Gretchen in Hamburg. Gretchen hatte am
dortigen Institut für Sozialforschung einen Job erhalten. Ich kam in die fünfte Klasse des Helene-Lange-
Gymnasiums in Harvestehude. Ich blieb bis zur neun-

ten Klasse, dann zogen wir zurück in die USA, und zwar nach Newton, Massachusetts. Dort machte ich im Jahr 2000 meinen Highschoolabschluss, seitdem studiere ich an der Universität von Massachusetts in Amherst Germanistik und Politik.

Dänisch habe ich inzwischen verlernt. Eine dänische Zeitung könnte ich nicht lesen. Hosea hat zwei Kinder, sechs und vier, die sprechen nur Dänisch. Ich kann mich nur rudimentär mit ihnen unterhalten. Hin und wieder kriege ich ein paar Sachen mit. Jedes Mal, wenn ich komme, wird es besser. Aber manchmal, wenn wir zum Abendbrot am Tisch sitzen und sie keine Lust mehr haben, Englisch zu sprechen, dann geht's auf Dänisch weiter. Alle verstehen, was los ist, außer mir. Früher hat sich noch jemand neben mich gesetzt und übersetzt. Aber inzwischen sagen sie: Du musst Dänisch lernen! Jetzt ist Schluss mit dem Übersetzen. Ich finde es ein bisschen gemein. Wenn Gretchen und ich das nächste Mal in Dänemark sind, werden wir Chinesisch sprechen (das können wir zwar nicht, aber wer würde es merken?).

Gretchen und ich unterhalten und schreiben uns in Englisch. In Hamburg dagegen haben wir uns hin und wieder auf Deutsch verständigt. Zu Hause in Newton sprechen wir nur Englisch. Das ist auch nur logisch, Gretchen ist Amerikanerin, und wir leben in den USA. Natürlich leidet mein Deutsch darunter. Wenn ich in Deutschland bin, denke ich nach wenigen Wochen deutsch. In den USA denke ich englisch. Der Übergang von einer Sprache in die andere fällt mir gar nicht auf.

Die Sprachschwierigkeiten sind nur ein Ergebnis der vielen Umzüge. Schmerzhafter noch ist, dass sie Freundschaften zerstört oder gar nicht erst ermöglicht haben. Immer wieder wurde ich aus einer Umgebung herausgerissen, in die ich gerade hineingewachsen war. Allerdings haben Umzüge den Vorteil, dass man neue Menschen und neue Städte oder Länder kennen lernt. Wie zum Beispiel Berlin.

Fast schon ein Terrorist

Wegen meines Interesses an der Politik war ich froh, dass ich bei der grünen Bundestagsfraktion ein Praktikum bekommen hatte. Ich arbeitete in verschiedenen Bereichen und lernte eine Menge über praktische Politik. So etwa in der Pressestelle oder in Arbeitskreisen, die sich mit speziellen Themen befassen, zum Beispiel mit Umwelt, Wirtschaft, Innenpolitik und Außenpolitik.

In der deutschen Politik fühle ich mich viel wohler als in der amerikanischen. Das hat natürlich viel mit meiner Biografie zu tun. Obwohl ich ihn nie kennen lernte, hat Rudi mein Leben geprägt. Deshalb und um mein Deutsch zu verbessern, wollte ich nach Deutschland zurückkehren. Es kam noch etwas hinzu: In den USA ist das politische Spektrum im Vergleich zu Deutschland oder anderen europäischen Ländern nach rechts verschoben. Wenn man in Amerika das Wort »Sozialist« oder »antikapitalistisch« in den Mund nimmt, dann halten sie einen fast schon für einen Terroristen. Die Amerikaner scheinen immer prüder und religiöser zu werden. Sie wollen sich nicht in Richtung Aufklärung entwickeln, das haben sie auch mit der Wahl von Bush gezeigt.

Eine Ausnahme ist vielleicht die Bewegung gegen die Globalisierung. Sie fällt auf, aber ist doch klein, gemessen an der Bevölkerungszahl und an der Größe des Landes. Es hat in den USA immer Friedens-, Umwelt- oder

Menschenrechtsinitiativen gegeben, aber sie haben nie das Ausmaß erreicht wie in Europa.

Nach meinem Praktikum werde ich höchstwahrscheinlich in die USA zurückkehren und mein Studium abschließen. Aber was dann? Je länger ich in Berlin war, umso mehr interessierte mich die deutsche Politik. Es ist mir wichtig und würde mir Spaß machen, mich hier zu engagieren. Früher hatte ich gehofft, Basketballprofi werden zu können. Aber dann hörte ich zu früh auf zu wachsen. Jetzt kann ich mich immer noch für die Idee begeistern, Basketballschiedsrichter zu werden. Es wäre eine Möglichkeit, dem Sport nahe zu sein.

Fußball spiele ich sehr gern. Ich spielte in der Mannschaft der Bundestagsfraktion. Die Bundesliga interessiert mich auch sehr. Vor allem Schalke 04, das ist eine sympathische Mannschaft mit ihrem dänischen Stürmer Ebbe Sand. Außerdem mag ich den FC St. Pauli seit den Jahren, als ich in Hamburg lebte. Dagegen war ich noch bei keinem Spiel von Hertha BSC. Das liegt auch daran, dass ich immer mal wieder Hertha-Fans in S- oder U-Bahn erleben musste. Manche benahmen sich abstoßend.

Als ich Ende August 2000 in Berlin-Tegel landete, hatte ich auch ein bisschen Angst. Etwa davor, dass mein Deutsch zu schlecht ist für das Praktikum. Natürlich ist es nicht einfach, in eine völlig fremde Umgebung zu kommen. Aber die bisherigen Umzüge hatten mir gezeigt, dass ich schnell klarkommen würde. Gleichzeitig freute ich mich darauf, endlich mit Freunden meines Vaters sprechen zu können. Außerdem würde ich eine Menge mitbekommen von der praktischen Politik der Grünen. Wenn ich die Erfahrungen von 1968 verband mit meinen Eindrücken von der heutigen Politik der Grünen, vielleicht würde sogar ein umfassenderes Bild der Politik in Deutschland dabei herauskommen. Das erhoffte ich mir. Inzwischen weiß ich, dass die Sache komplizierter ist.

Aber ich habe auch gelernt, dass die Ökologie die zentrale Frage der Politik ist. Vor kurzem erst haben Experten der UNO erklärt, der Treibhauseffekt werde das Klima weiter zerstören, die Durchschnittstemperaturen steigen. Wo heute noch Äcker und Weiden sind, werden sich morgen Wüsten erstrecken. Wo heute noch Menschen leben, werden morgen Überschwemmungsgebiete sein. Immer mehr Menschen haben immer weniger Wasser, neue Katastrophen kündigen sich an. Niemand kann vorhersagen, welche Wirkungen der Treibhauseffekt noch haben wird auf das Ökosystem Erde.

Die Grünen müssten sich deshalb der Wachstumslogik des Kapitalismus widersetzen. Längst aber begnügen sie sich damit, die negativen Wachstumsfolgen abzumildern. Das reicht jedoch nicht. Umweltpolitik kann heute nur noch antikapitalistisch sein. Es sind die Profitinteressen der Konzerne, die das umweltzerstörende Wachstum vorantreiben. Weil den Grünen der Antrieb fehlt, brauchen wir eine dritte APO.

Rudis Genossen

Rudi war in Berlin zu Hause, auch wenn er nach dem Attentat an vielen anderen Orten lebte. Es zog ihn immer wieder zurück nach Berlin. Dort lebten die meisten Genossen der Revolte von 1968. Manche leben immer noch hier, manche sind weggezogen. Wolf Biermann zum Beispiel. Er lebt heute in Hamburg und arbeitet unter anderem als Chefkulturkorrespondent der »Welt«. Biermann schrieb ausgerechnet in der »Welt«: »Immerhin war es vor allem die Hetze in Springers ›Bild‹-Zeitung in den heißesten Zeiten des Kalten Krieges, die in West-Berlin eine Stimmung in der Bevölkerung aufheizte, ohne die der junge Nazi Bachmann wohl kaum seine drei Kugeln in den Kopf von Rudi Dutschke geschossen hätte.« Ich habe Biermann gefragt, warum dieser Artikel in der »Welt« erscheinen konnte. Es habe einen Machtkampf in der Chefredaktion gegeben, der Chefredakteur habe sich schließlich durchgesetzt, hat er mir erklärt. Trotzdem verstehe ich es nicht, dass er in einem Springer-Blatt schreibt. Ich täte es nicht. Aber es ist natürlich etwas anderes, ob er es tut oder ob ich es täte. Ohne die Hetze der »Bild«-Zeitung könnte mein Vater heute noch leben, davon bin ich überzeugt.

Du scheinst mir dagegen, trotz aller Kritik im allgemeinen, mit diesem Staat [der DDR], mit dieser Partei [der SED] noch immer verheiratet zu sein in einem eigenartigen Sinne. Meine Grundthese ist, Du bist denen noch zu nahe, die Dich aufgenommen haben und Dich seit Jahren bei der Stange der Isolation halten, bist nicht nahe genug denen, um die es in der Sozialismus-Frage geht, den Beleidigten, Erniedrigten, den von der Entfremdung nicht frei gewordenen, mehr für andere als für sich Mehrwert schaffenden Arbeitern und Werktätigen. Eine wesentliche Wurzel Deiner besonderen Schwierigkeiten in Sachen radikaler Kritik im Marxschen Sinne scheint mir darin zu liegen, dass Dich von 1953 bis in die Mitte der sechziger Jahre die Partei, ihre Jugend- und Kulturorganisationen beeinflussten, die vom 17. Juni mehr erschrocken, fast verzweifelt waren, die lediglich ›Konterrevolution‹ und nichts anderes sahen.

Deine Daseinslage (...) in der DDR, als primär, wenn auch nicht allein (wie uns SED und DKP zu suggerieren versuchen) durch die westlichen Medien vermittelter Künstler des ›Ostens‹, hat eine schizophrene Situation für Dich und die sozialistische Opposition entstehen lassen, die den Durchbruch zu konkreten Grundfragen in der DDR von heute so schwer macht. Die politische Oberfläche der Gegenwart und die wichtige, gut schmeckende Asche der Vergangenheit haben viele Deiner Lieder und Gedichte des nicht selbst auferlegten, sondern aufgezwungenen Exils im eigenen Lande geprägt. Die Gefahr, ein verknitterter Kommunist in Künstlerform zu werden, ist riesengroß, besonders dann, wenn da nicht daran gearbeitet wird, Dich von der doppelten Umklammerung mit Hilfe kritischer Solidarität frei zu machen – in dem Sinne, dass Du lernst, die Kritik der Verhältnisse zum alleinigen Hebel Deiner künstlerischen Arbeit werden zu lassen.

Rudi, Offener Brief an Wolf Biermann, 28. April 1976

Wolf Biermann war 1953 aus Hamburg in die DDR gegangen, er hielt sie für den besseren deutschen Staat. 1965 verpasste ihm die SED ein Auftrittsverbot. Gretchen schreibt in ihrem Buch über Rudi (»Wir hatten ein barbarisches, schönes Leben. Rudi Dutschke«):

»Wegen dieser Biografie und weil Biermann politische Lieder schrieb und sang, musste er nach Rudis Überzeugung, ob er wollte oder nicht, eine politische Rolle als Oppositioneller in der DDR spielen. Biermann war einer der wenigen, den Rudi damals kannte, der in der DDR in diesem Sinne wirken konnte. Biermann wird das anders beurteilt haben. Dass sich außerdem Biermann nicht nur als politischer Mensch, sondern auch und nicht weniger als Künstler sah, begriff Rudi nicht.

Rudi hoffte, Biermann überzeugen zu können, die ihm zugedachte Rolle als Dissident zu spielen.«

An diesem Missverständnis litt die Beziehung zwischen Rudi und Wolf Biermann. Biermann ärgerte sich über Rudis offenen Brief, und Rudi verstand nicht, dass Biermann die ihm zugedachte Rolle nicht spielen wollte und nicht konnte.

Vielleicht litt auch mein Gespräch mit Wolf Biermann darunter. Er hält sich jedenfalls für bedeutend. Das ist er gewiss, aber ich weiß nicht, ob er nicht zu oft daran denkt.

In besserer Erinnerung habe ich meine Gespräche mit Jürgen Treulieb. Er war eine wichtige Persönlichkeit im SDS und löste 1963 als AStA-Vorsitzender an der Freien Universität in Berlin Eberhard Diepgen ab, den späteren Regierenden Bürgermeister. Diepgen amtierte gerade mal siebzehn Tage, bis ihn eine Urabstimmung der Studenten ablöste. Es war herausgekommen, dass Diepgen einer schlagenden Verbindung angehörte. Treulieb war der erste AStA-Vorsitzende des SDS in Berlin! Jürgen, nicht nur Genosse, sondern auch Freund von Rudi, freut sich heute noch über diesen Coup. Das war zwei Jahre, nachdem die SPD beschlossen hatte, dass Sozialdemokraten nicht Mitglied des SDS sein durften. Leider fand sich bis heute keiner, der die Amtszeit des Regierenden Bürgermeisters Diepgen genauso entschlossen beendet hätte wie dereinst Jürgen Treulieb die des AStA-Vorsitzenden.

Ich unterhielt mich mit Jürgen einige Male über 1968, und er gab mir Material zum Lesen. Wir hatten uns zufällig bei einer Sitzung des Untersuchungsausschusses zur CDU-Spendenaffäre im Reichstag getroffen. Mittags haben wir gemeinsam gegessen, und ich fragte ihn, ob die Studenten damals wirklich an eine Weltrevolution geglaubt hätten. Ob sie sich vorstellen konnten, den Sozialismus zu verwirklichen und, wenn ja, welchen. Jürgen berichtete, die Studenten seien überzeugt gewesen davon, dass Kapitalismus und realer Sozialismus nicht mehr entwicklungsfähig waren. Die Verkrustung beider Gesellschaften musste aufgebrochen werden. In der Dritten Welt verfolgten die revoltierenden Studenten, wie Che Guevara, Castro und Ho Chi Minh im Guerillakrieg gegen die imperialistischen USA standhielten. Die Studenten hofften, dass bald die Unterdrückten der ganzen Welt diesen Beispielen folgen und sich auflehnen würden für politische Rechte und soziale Gerechtigkeit.

Auch Hans Halter, ein anderer Freund Rudis, bei dem ich während meines Berlinaufenthalts wohnte, hat damals geglaubt, die Revolution in vielen Ländern der Dritten Welt werde nicht mehr lange auf sich warten lassen. 1968 waren die APO-Leute offenbar davon überzeugt, dass die Entwicklung gerade erst richtig in Schwung kam. Dass *1968* aber den Höhepunkt der Bewegung und nicht ihren Beginn markierte, das wissen wir inzwischen alle.

Jemand hat mir die schöne Geschichte erzählt, dass der SDS ein Wochenende damit verbracht habe, darüber zu diskutieren, wie man in West-Berlin eine Räterepublik aufbauen könne. Wie sollten Produktion und Verteilung organisiert werden? Wie sollte die Räterepublik sich zur DDR verhalten? Vielleicht konnte man Waren nach Ost-Berlin verkaufen? Die Studenten begriffen nicht, dass die Arbeiterklasse keineswegs darauf wartete, von ihnen befreit zu werden von der kapitalistischen Ausbeutung. Einige Studenten haben ver-

sucht, in die Fabriken zu gehen, um die Arbeiter zu überzeugen. Wie weltfremd viele damals dachten, zeigte
sich in Rudis Erstaunen, als er einmal bei dem bekannten Theologen Helmut Gollwitzer zu Besuch war und
ein Maurer in einem Mercedes-Benz zur Arbeit vorfuhr.

Vielleicht lachen manche Leser über diese naiv er-
scheinenden Vorstellungen. »Ausbeutung – was ist
denn das?«, mögen frisch gestylte Jugendliche heute
fragen. Dabei tragen sie Klamotten der beliebten Mar-
kenfirmen, von denen nicht wenige Erwachsene und
Kinder in der Dritten Welt gnadenlos ausbeuten, um
ihre Profite zu steigern. Ob Sportschuhe, ob Jeans, viele
kommen aus Indien, Thailand, Indonesien usw., wo die
Menschen oft unter unerträglichen Arbeitsbedingun-
gen leiden. Das sieht man den schicken Klamotten
nicht an.

Bernd Rabehl ist ein anderer Fall. Er war Rudis bester
Freund und einer der bekanntesten Führer der APO und
des SDS. Rabehl ist kein Sozialist mehr, er wird sogar als
»Faschist« angegriffen. Als ich nach Deutschland kam,
hat mich überrascht, wie zerstritten viele alte Achtund-
sechziger miteinander sind. Zwar hatte Gretchen mich
darauf vorbereitet, aber ich wollte es einfach nicht glauben. Vor mehr als drei Jahrzehnten hatten sie doch am
gleichen Strick gezogen und dieselben Ideale gehabt.
Und nun das! Die Diskussionen (und die Streitereien)
drehen sich oft um »olle Kamellen«, wie die Berliner
sagen. Wer hat wann was falsch gemacht? Wer hat wen
nicht unterstützt oder korrigiert? Überhaupt: Wer ist
»schuld« daran, dass aus den großen Hoffnungen
nichts wurde? Es gibt also viele »offene Rechnungen«,
und bei passender Gelegenheit wird versucht, sie zu
begleichen.

Das scheint mir auch im Streitfall Bernd Rabehl so zu sein. Wissenschaftler und Studenten am Otto-Suhr-Institut für Politikwissenschaft der Freien Universität Berlin, wo einst Rudi studierte, protestierten gegen den heutigen Professor Rabehl. Er hat im Dezember 1998 vor der Burschenschaft Danubia einen umstrittenen Vortrag gehalten und soll sich darin unter anderem über »die Zerstörung von Volk und Kultur« durch »politische Überfremdung« beklagt haben. Rabehl hat mir gesagt, dass er das Wort »Überfremdung« überhaupt nicht benutzt habe. Seine späteren Kritiker waren bei seinem Vortrag nicht anwesend. Sie haben nur pauschal geurteilt, dass Rabehls Auslassungen in »klassischer Weise die Bedingungen für Rechtsextremismus« erfüllten. Die Danubia sei als rechtsextrem bekannt, ihre Verbindungen zur NPD und den »Republikanern« kenne man, sie arbeite auch mit dem rechtsextremen Gesamtdeutschen Studentenverband (GDS) zusammen.

Daraufhin forderten der AStA der FU, die studentische Fachschaftsinitiative des Otto-Suhr-Instituts und der Jugendverband der IG Medien den Universitätspräsidenten auf, die Lehrtätigkeit des »rechtsextremen Bernd Rabehl« zu beenden. Rabehl propagiere in seinen Lehrveranstaltungen rechtsextreme Ideologie, erklärten sie zur Begründung. So habe er unter anderem den zur NPD konvertierten APO-Veteranen Horst Mahler als Referenten in sein Hauptseminar eingeladen. Die Studenten warfen Rabehl vor, seine privilegierte Position für »menschenverachtende, antiegalitäre Zwecke« auszunutzen. Rabehl habe sich außerdem nicht distanziert von seinen Aussagen in dem »privaten Vortrag«. So schnell kann ein Konflikt eskalieren. Die Ankläger hätten sich mit Rabehl zusammensetzen und diskutieren sollen. Statt alles nur über Flugblätter, Presseerklärungen und »offene Briefe« zu transportieren.

Rabehl erklärte in einem Brief an seine Dienstvorgesetzten, sein Vortrag sei spontan gewesen, »intuitiv«, »Ausdruck eines inneren Unbehagens, das noch nicht die Sphäre der Reflexion gefunden hat«; die Danubia sei ihm unbekannt gewesen, er habe den Bildungsreferenten beim Parteivorstand der SPD und die Führungsfigur der sozialdemokratischen Parteischule, Tilman Fichter, einen alten Freund aus SDS-Zeiten, um Rat gefragt. Der habe ihm einen Jungsozialisten genannt, der selbst Danube sei und der die Burschenschaft vom Verdacht des Rechtsextremismus freigesprochen habe. Für die Universität war die Sache damit erledigt.

Ich habe andere Vorstellungen von der Ausländerpolitik (dazu später mehr) als Bernd Rabehl. Er ist in seinen Positionen nach rechts gerückt, konservativer geworden. Das ist aber kein Grund, einen Menschen so zu mobben, wie es Rabehl passiert ist. Rudi hätte nie eine Kampagne unterstützt, mit der versucht wird, andere Ansichten zu unterdrücken. Er hätte sich auf eine Diskussion eingelassen. Ich habe selbst einmal erlebt, wie ein Einzelner von einer großen Gruppe als Neonazi verdächtigt wurde, und nur dieses Verdachts wegen wurde sein Auto zertrümmert. Die Polizei musste ihn schließlich retten. Nur durch einen toleranten Umgang miteinander und durch inhaltliche Diskussion können echte Fortschritte erreicht werden.

Ich habe Bernd Rabehl das erste Mal gesehen, als er sein neues Buch – »Der SDS im Fadenkreuz des ›Kalten Krieges‹« – im »Haus der Demokratie« in der Greifswalder Straße vorstellte. In dem Buch schreibt er über den Einfluss von Stasiagenten im SDS. Das ist ein heißes Eisen. Viele alte SDSler und APO-Mitstreiter wollen offenbar lieber nicht daran rühren. Vor allem die nicht, die sich zu DDR-Zeiten zu sehr mit der SED und ihrem Ministerium für Staatssicherheit (MfS) eingelassen hatten. Das MfS galt als »Schild und Schwert der Partei«. Es hat auch Rudi überwacht. In Rudis Stasiakten sind sogar heimlich aufgenommene Fotos aller unserer Verwandten.

In Bernd Rabehls neuem Buch werden viele Einzelheiten aus Stasiakten berichtet. So kann man heute nachweisen, dass das MfS so genannte Einflussagenten im SDS hatte, eine widerliche Vorstellung: eigene Genossen als Spitzel und Agenten, die auch über Rudi heimlich berichtet haben.

Dieses Thema ist ein paar Monate später noch heißer geworden, als Hubertus Knabe, ein ehemaliger Mitarbeiter der Gauck-Behörde, ein Buch zu einem verwandten Thema – die Stasi und der westdeutsche Journalismus – ankündigte. Er behauptet, dass die Stasi die Enteignet-Springer-Kampagne erfunden und gesteuert habe. Knabe ergeht sich in falschen Andeutungen über Rudi und dessen Verhältnis zum Osten. Das passt gar nicht zu dem Bild des objektiven Wissenschaftlers, das Knabe für sich beansprucht. Es muss alles auf den Tisch, aber Fehlinterpretationen bringen niemanden weiter.

Aber davon wollten viele Zuhörer im »Haus der Demokratie« nichts hören. Vor der eigentlichen Buchvorstellung wurde mehr als eine Stunde darüber gestritten, ob Rabehl Ausländerfeind sei. Von einer Diskussion konnte keine Rede sein. Die Antifa-Leute schrien und tobten. Rabehl erklärte, er habe eingesehen, dass er eine Dummheit begangen habe. Er hätte nicht vor einer Burschenschaft reden sollen. Und ich hoffe, er wird seine Ansichten über die Ausländerpolitik in Deutschland überdenken.

Ich nutzte die Veranstaltung, um mich mit Rabehl bei einem Bekannten zu verabreden. Schließlich hatte Rabehl eine große Rolle gespielt im Leben meines Vaters, und ich wollte wissen, was er über die Zeit damals zu berichten hatte. Rabehl, der aus der DDR stammt, erzählte über die Mauer und wie er und Rudi zusammen mit anderen Westberlinern versucht hatten, sie niederzureißen. Nach dem Mauerbau durfte Rudi nicht mehr in die DDR einreisen. Jahrelang durfte er seine Eltern und Brüder nicht sehen. Rabehl gelang es dagegen, seine Freundin aus dem Osten in den Westen zu schleusen. Rabehl wehrte sich zunächst dagegen, Marx zu lesen. Das kannte er aus der DDR, und er hatte die Nase voll davon. Aber Rudi überzeugte ihn, dass Marx in der DDR verhunzt werde zur Propaganda. Rabehl und Rudi waren beide aus der DDR abgehauen und entwickelten gemeinsame politische Positionen. Bald waren sie Freunde.

Rabehl erzählte, dass Rudi ein gläubiger Christ geblieben sei. Rudi habe gedacht, alle Probleme der Welt lägen auf seinen Schultern. Er sei ernst gewesen, so ernst, dass er die Mitglieder des SDS einmal zwingen wollte, jeden Tag vierzehn bis sechzehn Stunden zu lesen. Rudi dachte, wenn er so viel lese, könnten die anderen es auch tun. Aber natürlich las keiner so viel wie Rudi. Und deswegen wussten die meisten weniger als er, wie sich in Diskussionen herausstellte.

Gretchen hat in ihrem Buch über Rudi geschrieben, Rudis Genossen hätten sie abgelehnt. Rabehl bestätigte mir diesen Eindruck. Er habe keine Probleme damit gehabt, dass Gretchen Amerikanerin sei, sondern damit, dass sie Rudis Zeit beanspruchte und dass diese Zeit verloren ging für die revolutionäre Arbeit.

Rabehl berichtete weiter: Als Medienwaffe seien damals die Kommunen I und II wichtig gewesen. Sie hätten für reichlich Aufmerksamkeit gesorgt. Hinzu kam Rudis Medienwirksamkeit als charismatischer Sprecher, der die Thesen der APO vertreten konnte. Es sei ein Riesenfehler gewesen, die Kommunarden aus dem SDS hinauszuwerfen. Vielen galten sie als unseriös.

Aber besonders ihr Attentatsplan gegen den US-Vizepräsidenten Hubert Humphrey hält Rabehl nach wie vor für einen Geniestreich. Nichts habe die Medien so aufgeregt wie die Puddingbombe der Kommune I. Und der Bewegung habe es einen enormen Auftrieb gegeben.

Die Geschichte las sich so: ›Geplant in Berlin: Bombenanschlag auf US-Vizepräsident.‹ Das ›Attentat auf Humphrey‹ wurde ›von Kripo vereitelt‹. ›FU-Studenten fertigen Bomben mit Sprengstoff aus Peking, Maos Botschaft in Ost-Berlin liefert die Bomben gegen Vizepräsident Humphrey.‹ In größter Verschwörermanier hatte die Kommune I den frevelhaften Anschlag vorbereitet. Bewaffnet mit Plastiktüten, Puddingpulver und Joghurt, alles in roter Farbe, schlichen die Kommunarden in den Wald und übten zum Leidwesen der Bäume ihr Verbrechen. Wenn Hubert Humphrey durch West-Berlin fuhr, wollten sie dem Staatsgast einen ganz speziellen Empfang bereiten: erst durch Werfen von Rauchkerzen Verwirrung stiften, damit sie die Polizeiabsperrung um den Wagen Humphreys durchbrechen konnten, dann Puddingpulver und Joghurt auf das Auto schmeißen, um schließlich im entstandenen Chaos Lieder zu singen wie ›Backe, backe Kuchen‹. Aber am Tag vor Humphreys Ankunft saßen die sieben Kommunarden im Gefängnis, verraten von Unbekannten. 2000 Studenten begrüßten den Vize-Präsidenten mit Sprechchören: ›Humphrey ist der Vize-Killer! Jeder, der den Springer liest, auch auf Vietname-

sen schießt!‹ und sangen die ›Internationale‹. Eier und Mehl-
tüten dienten als Wurfgeschosse. Berittene Polizei griff die
Demonstranten an, Hunde wurden eingesetzt. Die Stadtre-
gierung, der Akademische Senat, der Rektor und die Medien wussten nicht, wie sie die Revolte eindämmen konnten. Also griffen sie zur Peitsche.
*Gretchen Dutschke, Wir hatten ein barbarisches, schönes
Leben. Rudi Dutschke. Eine Biografie. Kiepenheuer & Witsch,
Köln 1996, S. 118*

Interessant fand ich auch, was Rabehl über die RAF und
Andreas Baader erzählte. Baader habe gestottert, er sei
ein miserabler Redner gewesen und habe oft Gudrun
Ensslin oder Ulrike Meinhof für sich sprechen lassen.
Baader und seine Gruppe verübten Anschläge auf Kauf-
häuser. Danach erschien Baader beim SDS und erklärte,
der SDS würde immer nur über Revolution reden, aber
er und seine Leute würden sie machen. Rabehl erzählte,
Ensslin und Meinhof seien verliebt gewesen in Baader,
und der habe die beiden Frauen deswegen verachtet.
Natürlich kam Rabehl auch auf Otto Schily und
Joschka Fischer zu sprechen. Was soll man von ihnen
halten? Haben sie sich verkauft?

Über Otto Schily muss man sich nicht lange äußern. Ich
weiß nicht, warum, aber er ist zum Hardliner mutiert.
Der Weg vom Bürgerrechtsanwalt zum Pickelhauben-
träger ist weit. Schily hat ihn geschafft.
Fischer ist ein komplexerer Fall. Er war in den siebziger Jahren, nachdem die APO längst zerfallen war, Chef
einer Spontigruppe in Frankfurt am Main. Es war die
Zeit der Hausbesetzungen und nicht des Kampfes

gegen Springer oder den Vietnamkrieg. Auch nicht die der Kritischen Universität, denn die Spontis wirkten vor allem in Fabriken und Wohnvierteln. Sie standen auch nicht in der Tradition des SDS, sie waren theoriearm und potenziell gewalttätig. In dieser Hinsicht verkörperten die Spontis einen Rückschritt im Vergleich zum SDS.

Tomaten und Rauchbomben sind ohnmächtige Mittel zum Zeichen des Protests und nichts anderes. Niemand kann sich einbilden, dies sei ein Moment des wirksamen Protestes (...).
Eine systematische Provokation mit Steinen ist absurd. Steine als Mittel der Auseinandersetzung unterscheiden sich prinzipiell nicht von Tomaten. Tomaten sind ohnmächtig, Steine sind ohnmächtig. Sie können nur begriffen werden als Vorformen wirklicher Auseinandersetzungen.
Rudi, 1967

In der Debatte um Fischer ging es nicht um seine unbedeutende APO-Zeit, sondern um seine Spontiphase. In der 68er-Revolte spielte Fischer bestenfalls die Rolle eines Mitläufers. Dennoch: Der Mitläufer Fischer und der Chef der Frankfurter Putzgruppe hatten eines gemein: Sie waren antikapitalistisch. Das ist Joschka Fischer längst nicht mehr. Früher war Fischer ein Gegner des US-Imperialismus, heute fährt er nach Washington und hat nichts zu kritisieren. Mich erstaunt es immer mehr, mit welcher Beflissenheit er auch die neue amerikanische Regierung hofiert.

Ich weiß nicht, welche Positionen Fischer wirklich vertritt. Er sagt, er sei der Außenminister Deutschlands und nicht der Grünen. Das ist wahr. Aber was sind die deutschen Interessen? Hat Deutschland ewige und unveränderliche Interessen? Bomben auf den Irak? Das Raketenabwehrsystem? Kriegseinsätze der Bundeswehr? Ich finde dieses Argument Fischers zu simpel. Damit lässt sich zu viel rechtfertigen. Joschka Fischer ist ein kluger und netter Mann. Es wäre schön, er hätte erkennbare Prinzipien, man wüsste, woran man mit ihm ist: als Grüner und als Außenminister.

Ich kenne aus der Renaissance zwei aufschlussreiche Beispiele: Machiavelli und Thomas More. Machiavelli war der Theoretiker der Macht. Er war überzeugt, dass der Herrscher frei sein müsse von ethischen Prinzipien. Jeder Kompromiss ist erlaubt, wenn er die Macht fördert. Thomas More dagegen, ein bedeutender englischer Politiker, verlangte Prinzipienfestigkeit. Man müsse seinen Überzeugungen treu bleiben. Wenn man im öffentlichen Leben seine Grundsätze preisgebe und nur mache, was von einem erwartet werde und was dazu diene, die eigene Stellung zu erhalten, dann sei man bereits auf dem falschen Weg. Bekanntlich wurde More geköpft, weil er sich als Katholik Heinrich VIII. nicht unterwerfen wollte, der sich zum Oberhaupt der englischen Kirche aufschwang. Prinzipientreue konnte in früheren Zeiten tödlich sein. Heute kostet sie schlimmstenfalls ein Amt. Politische Korruption beginnt, wo das Amt wichtiger erscheint als die Grundsätze, derentwegen man das Amt anstrebte. Für Rudi hat es in diesem Punkt nie einen Zweifel gegeben. Er interessierte sich nicht für Ämter, sondern kämpfte für die Durchsetzung von Prinzipien.

Am 16. Februar 2001 sagte mir der Pressesprecher der Grünen-Bundestagsfraktion, Dietmar Huber, Joschka Fischer erwarte mich um 16 Uhr im Café Einstein,

Unter den Linden. Es überraschte mich nicht, denn Huber hatte mich schon ein paar Tage zuvor gefragt, ob ich bereit sei, den Außenminister zu treffen. Natürlich war ich das. Gemeinsam mit Huber ging ich zum Café Einstein, das dicke Auto von Fischer stand schon davor, inklusive einiger Bodyguards. Auch im Café selbst standen Leibwächter herum. Fischer wartete im hinteren Teil des Lokals allein an einem Tisch. Wir setzten uns zu ihm, er sah müde aus.

Zuerst kamen wir auf Rudi zu sprechen. Die »Süddeutsche Zeitung« hatte vor kurzem ein Foto von Rudi veröffentlicht. Auf diesem Bild hatte sich auch Fischer wiedererkannt, und zwar an der gestreiften Jacke, die er damals trug. Als Rudi 1968 nach Baden-Baden fuhr, um dort zu reden, wollte Fischer ihm unbedingt zuhören. Fischer war damals Dutschke-Fan. Fischer erzählte mir, dass er bei dieser Gelegenheit das erste Mal von der Polizei verprügelt worden sei.

Nach der Erfahrung auf Sylt hatte Rudi keine Bedenken mehr, in die vornehme Kurstadt Baden-Baden zu fahren. Joschka Fischer, damals Mitglied im Frankfurter SDS, begleitete ihn. Baden-Badens Oberbürgermeister Schlapper hatte den Kursaal schon einige Male den Neonazis für Veranstaltungen überlassen. Rudi aber sollte nicht hinein. Es war Januar, und der Regen war kalt. Da die Polizei das Kurhaus abgeriegelt hatte, sprach Rudi vor dem Konzertpavillon im Kurhausgarten per Megaphon. Plötzlich ertönten aus der Lautsprecheranlage metallisch klingende Karnevalslieder, die Rudi übertönen sollten. Die Antwort auf diese Provokation war klar: Das Kurhaus musste gestürmt werden. Joschka zögerte nicht und rückte mit Rudi, gefolgt von tausend Zuhörern, an die Absperrung heran. Kaum war das

›Humba, humba, täterä‹ verklungen, wurden die ersten Sperr-gitter weggerissen. Die Polizisten zückten die Gummiknüp-pel. Joschka bekam als einer der ersten einen harten Schlag auf den Kopf, taumelte einen Augenblick und fing sich wie-der. ›Das hat keinen Sinn!‹, rief Rudi, als er den dumpfen Schlag auf Joschkas Kopf hörte, und änderte sofort die Tak-tik: ›Demonstrationsmarsch zur Villa des Oberbürgermeis-ters!‹ Bevor die Polizei schalten konnte, hatte sich der Zug for-miert. Mit Sprechchören – ›Schlapper abtreten!‹, ›Amis raus aus Vietnam!‹ – zog die Kolonne durch die prachtvolle, lich-terglänzende Innenstadt. Verkehrsstockungen, schimpfende oder belustigte Passanten, ungläubige und verständnislose Kurgäste. Einige unerschrockene und neugierige Bürger schlossen sich an. Auf einer Anhöhe vor dem Haus des Ober-bürgermeisters im Villenviertel fand die Abschlusskundge-bung statt. Zum Schluss bat Rudi noch um Spenden zur Be-zahlung seines Flugscheins Berlin–Frankfurt. Eine schnelle Sammlung ergab den Betrag von 190 Mark.

Gretchen Dutschke, Wir hatten ein barbarisches, schönes Leben. Rudi Dutschke. Eine Biografie. Kiepenheuer & Witsch, Köln 1996, S. 159

Man kann sich kaum vorstellen, dass der Außenminis-ter, der heute nur noch Designeranzüge trägt, vor mehr als dreißig Jahren ein idealistischer junger Mann war. So, wie er im Café Einstein vor mir saß und von damals erzählte, konnte ich nicht glauben, dass er einmal Revo-lutionär war. Er erzählte, Rudi sei ein »toller Typ« gewe-sen. Aber Fischer fühlte sich von Rudi im Stich gelassen, als er kurz vor dem Attentat vom April 1968 erfuhr, dass Rudi beabsichtigte, Deutschland zu verlassen. Er-staunlich, dass sogar der SDS in Frankfurt von diesem Plan gehört hatte.

Nach dem Attentat auf Rudi war er bestürzt und empört und forderte wie viele andere, Springer zu enteignen. Fischer hat darüber mit dem damaligen Chefredakteur von »Bild«, Peter Boenisch, gesprochen. Die »Bild«-Zeitung betrachtete die protestierenden Studenten als die fünfte Kolonne der Roten Armee. Und so hat das Blatt sich verhalten.

Irgendwie kam das Gespräch darauf, wer der bedeutendere Revolutionär gewesen sei, Rudi oder Daniel Cohn-Bendit. Cohn-Bendit gehörte zu den Führern des Maiaufstands 1968 in Paris. Für Fischer war Cohn-Bendit der bedeutendere Revolutionär, weil er die französische Regierung veranlasst habe, aus Paris zu fliehen. Ich habe mich nicht getraut, Fischer in diesem Punkt zu widersprechen, aber ich sehe es anders. Rudi war geistig, charismatisch und charakterlich überlegen. Rudi verkörperte die Revolution, wohingegen Cohn-Bendit bis heute seine Eitelkeit pflegt und sich als Selbstdarsteller profiliert. Als Rudi merkte, wie die APO mehr und mehr auf seine Person reduziert wurde, wollte er in die USA ziehen. Er hielt jeden Personenkult für schädlich und wollte den Protest auf eine breite Basis stellen. Er lehnte es ab, die Studentenbewegung zu leiten. Er fand, es sei für die Bewegung schädlich, wenn sie sich an Einzelne binde.

In dem einzigen TV-Interview, in dem Cohn-Bendit und Rudi gemeinsam auftraten, wird die unterschiedliche Haltung beider deutlich. Cohn-Bendit drängt sich pausenlos in den Vordergrund und will andere gar nicht zu Wort kommen lassen. Rudi dagegen hört zu und müht sich, andere ins Gespräch einzubeziehen.

Seine Reden waren leichter zu verstehen als seine Schriften. Ich kannte Rudi wie ihn viele kannten. Wir waren nicht besonders eng befreundet. Trotzdem hab ich ihn geliebt. Der persönliche Kontakt mit Rudi war elektrisierend. Seine Aufrichtigkeit, seine Leidenschaftlichkeit, seine Geduld beim Erklären, seine Fähigkeit zu höchster Konzentration, sein sprudelnder Gedankenreichtum, seine Fähigkeit, jedem zuzuhören.
Fritz Teufel, 1980

Ich unterhielt mich mit Fischer auch über Rudis Besuch in Frankfurt, wo er Fischer und Cohn-Bendit für die Gründung der Grünen werben wollte. Damals war Fischer aber noch Anarchist und der Beitritt zu einer Partei undenkbar. Aus diesem Grund verschlechterten sich die Beziehungen zwischen Rudi und Fischer. Fischer schloss sich erst später den Grünen an. Trotzdem zog Rudi Fischers Putzgruppe den K-Gruppen vor. Letztere waren geradezu militärisch organisiert. Eine neue linke Partei durfte mit diesen Leuten nichts zu tun haben, wenn sie nicht sofort im Sektierertum versinken wollte.

Fischer reiste im Januar 1980 von Frankfurt nach West-Berlin, um an Rudis Beerdigung teilzunehmen. Er stand ganz hinten in der Menschenmenge. Ich habe keinen Zweifel, seine Trauer war echt.

Fischer ist ein alter Genosse von Rudi. Er war Mitglied im Frankfurter SDS und gehörte insofern zur APO, auch wenn er erst später eine Rolle in der Politik spielen sollte. Man muss beklagen, was aus ihm inzwischen geworden ist. Aber ich respektiere ihn, weil er früher für idealistische Ziele gekämpft hat.

Am Schluss haben wir über aktuelle Fragen diskutiert. Er sagte, die Zusammenarbeit mit dem neuen Präsidenten der USA werde schwierig sein. Er scheint einen schlechten Eindruck von George W. Bush zu haben, den er aber nicht öffentlich zeigt.

Im Hinblick auf die BSE-Krise und die Massenschlachtungen von Rindern waren wir unterschiedlicher Meinung. Ich kann es nicht mit meinem Gewissen vereinbaren, Hunderttausende von Rindern zu töten, nur um die Preise zu stabilisieren. Fischer findet das auch pervers. Aber man könne nicht den EU-Haushalt sprengen, um die Rinder weiter leben zu lassen. Außerdem würden die Kühe sowieso geschlachtet, man tue ihnen einen Gefallen, sie nicht weiter in der Massentierhaltung zu quälen. Diese Argumente haben mich nicht überzeugt. Es geht um Lebewesen. Und wenn man gegen Massentierhaltung ist, dann soll man sie abschaffen.

Kurz vor Ende kamen wir auf seinen Siegelring zu sprechen. Ich hatte Fischer in der »Berliner Zeitung« kritisiert, dass er diesen Ring trug. Er hatte den Artikel gelesen. Er zeigte mir seine beiden Hände, der Siegelring war verschwunden.

Ich erzählte ihm schließlich, dass die Leute in meinem Umfeld ihn nicht schätzten. Sie halten ihn für arrogant und eitel. Er interessiere sich nicht für die einfachen Mitglieder der Partei, sondern wolle nur mit Seinesgleichen verkehren. Er denke vor allem daran, seine Machtstellung auszubauen, habe seine letzten Prinzipien aufgegeben und kämpfe nur noch für sich selbst.

Er erwiderte, die beiden letzten Wochen, als es in der Öffentlichkeit und im Bundestag um seine Spontizeit ging, seien die schlimmsten seines Lebens gewesen. Ich hatte Gerüchte in der Fraktion gehört, dass er an Rücktritt dachte. Ich hoffe, dass die Debatte um seine Vergangenheit ihn seine Wurzeln wieder erkennen lässt.

Die Grünen

Bündnis 90/Die Grünen haben eine reine Westführung, seit Gunda Röstel beschlossen hat, Managerin eines Konzerns zu werden, der auch Atomkraftwerke betreibt. Ich wundere mich nicht über die schlechten Wahlergebnisse im Osten. Nun könnte man behaupten, die personelle Zusammensetzung der Parteiführung spiegele die Zusammensetzung der Anhänger ziemlich genau wider. Das ist aber kein Grund zur Zufriedenheit, sondern zur Kritik. Selbst zu Röstels Zeiten hatten die Ostdeutschen zu Recht den Eindruck, die Grünen seien eine Westpartei und beschäftigten sich im Hinblick auf Neufünfland bestenfalls damit, Partikel des Erbes der Bürgerrechtler zu bewahren. Die Ost-Sprecherin der grünen Bundestagsfraktion hat nach dem Stuttgarter Parteitag im März 2001 gesagt: »Wir fühlen uns aufgegeben und abgeschrieben.« Wenn die Grünen keine Politik für die Ostdeutschen anbieten und auch keine Persönlichkeiten, die diese Politik glaubwürdig verkörpern, dann darf die Partei sich nicht darüber beklagen, dass sie im Osten bedeutungslos bleibt.

Allerdings lebt in der Partei mit dem westlichen Führungspersonal ein bisschen vom Geist der Bürgerrechtler weiter. Das zeigte sich zum Beispiel am neuen Staatsbürgerschaftsrecht. Die Grünen sind heute die einzige Bürgerrechtspartei in Deutschland. Was die Liberalität angeht, da ist die FDP nur noch ein Abklatsch früherer Zeiten. Ihre Sorge gilt nicht den Rechten der Menschen, sondern den Profitinteressen der Unternehmer. Ihr Neoliberalismus ist eine Karikatur der Freiheitsideale des Liberalismus. Der politische Liberalismus forderte nicht, die Gesellschaft und ihre Mitglieder dem Diktat des Gewinnstrebens und anonymen Finanzmärkten zu unterwerfen. Wie kann man die Rechte des Individuums stärken, wenn man sie fremden Mächten ausliefert? Viele Entscheidungen werden längst nicht mehr von Mehrheiten oder Regierungen bestimmt, sondern von den angeblichen Sachzwängen der Wirtschaft, national und international. Es geht auch um die Freiheit des Individuums, um Umweltschutz und um soziale Gerechtigkeit. Das alles leidet, wenn das Kapital ganz entfesselt wird.

Eine nationale Angelegenheit?

Leider passen sich die Grünen in einigen Punkten an die anderen Parteien an, auch an die FDP. Längst ist die Vorstellung gestorben, der Kapitalismus müsse überwunden werden, weil er die Ursache des umweltzerstörenden Wachstumsfetischismus und der weltweiten sozialen Ungerechtigkeit ist. Manche Linken nennen die Grünen mittlerweile »Öko-FDP«, auch weil die Partei zum Teil auf die gleichen Wählerschichten schielt wie die FDP, obwohl die Grünen andere Ziele verfolgen. Und die Grünen stehen wie die FDP zuvor unter dem Druck eines viel stärkeren Koalitionspartners. Da läuft man leicht Gefahr, das Profil zu verlieren und eine so genannte Funktionspartei zu werden, die sich dem Meistbietenden verkauft.

Fritz Kuhn hat wegen der Angriffe von CDU und CSU auf Joschka Fischer eine schwarz-grüne Zusammenarbeit erst einmal vertagt. Mich macht misstrauisch, dass er überhaupt erwogen hat, mit der Union zusammenzuarbeiten. Na ja, irgendwann werden Merkel und

Merz aufhören mit ihren Attacken, und was dann? Wirklich schwarz-grün? Manche sagen, diese Aussage sei ein taktischer Kniff gewesen, die erdrückende Umarmung der SPD zu lockern. Man gewinnt aber nicht an grünem Profil, wenn man droht, es ganz aufzugeben. In Wahrheit signalisieren solche Äußerungen die Bereitschaft zu noch mehr Anpassung. Ich würde mich nicht wundern, wenn Grüne bald mit der CDU in einem Kabinett sitzen, zuerst vielleicht in Baden-Württemberg.

Längst sind die Grünen nicht mehr basisdemokratisch und gewaltfrei, und bei der Ökologie gab es zu viele Kompromisse. Die Basis darf sich auf Parteitagen äußern, in Wahrheit führt ein innerer Kreis die Partei. Dessen Anführer ist Joschka Fischer, obwohl er in der Partei keine Führungsposition innehat. Die Gewaltfreiheit war mit dem Jugoslawienkrieg beendet. Dass dies kein Ausrutscher war, zeigt die Unterstützung der stets gewaltbereiten US-Außenpolitik durch Außenminister Fischer. Er hält die nationale Raketenabwehr der USA für eine nationale Angelegenheit der Amerikaner, auch nachdem Verteidigungsminister Donald Rumsfeld erklärt hat, Raketen seien immer etwas Internationales. Und die ultimative Forderung nach einem sofortigen Ausstieg aus der Atomenergie hat sich in eine dreißigjährige Bestandsgarantie für Atomkraftwerke verwandelt. Nun ist es normal, dass Parteien sich wandeln müssen mit der Zeit, in der sie arbeiten. Viele Forderungen erledigen sich von selbst. Aber wer alle Grundsätze aufgibt, gibt sich selbst auf.

Regierungsbeteiligung selbst schon eine gute Sache?

Rudi gehörte zu den Gründern der Grünen. Er hat erreicht, dass sich linke Kräfte und bürgerliche Ökologen in einer Partei zusammenfanden. Von den bürgerlichen Ökologen ist kaum einer mehr zu sehen, dafür sind die ehemaligen Linken inzwischen nach rechts gerückt. Eine Rechtsentwicklung aber gab es nicht nur bei den Grünen, sondern bei allen Parteien, auch bei der PDS, die längst überall mitregieren will, was sie jahrelang abgelehnt hatte. Die SPD forderte vor den Wahlen Vermögenssteuern und bescherte nach den Wahlen stattdessen den Reichen eine Unternehmenssteuerreform, wonach der Verkauf von Unternehmensbeteiligungen steuerfrei ist. Die Grünen haben diese Politik unterstützt, sie haben auch sonst ihren kapitalismuskritischen Impuls zum Teil verloren. Früher wollten sie die Umwelt retten vor den Folgen der kapitalistischen Wirtschaft. Heute ist aus der Kapitalismuskritik längst die Konsenswut geworden.

Trotzdem bin ich Mitglied der Grünen geworden. Bei aller Kritik, die ich an der Partei habe, bleibt sie für mich die einzige, in der ich mitarbeiten kann. Die Grünen liegen mit ihren Grundsätzen richtig, aber ihnen fehlt die Kraft, sie durchzusetzen. Ich spüre, wie die grünen Wähler immer mehr unter Druck geraten, eine andere Partei zu wählen, so etwa im Fall der Castor-Transporte. Die Grünen sind jedoch noch nicht verloren und können wieder zurückfinden zu ihren Wurzeln.

Neben die programmatischen Gründe für die Regierungsbeteiligung ist die Vorstellung getreten, die Regierungsbeteiligung selbst sei schon eine gute Sache, so gut, dass man einiges opfern könne dafür. Manche mögen glauben, es sei der Preis der Macht, dass man Prinzipien aufgebe, um wenigstens etwas zu verwirklichen. Nur hört man keine Klagen über diesen Umstand aus dem Kreis jener, die von der Regierungsbeteiligung wirklich profitieren, von den Ministern oder den Fraktions- und Parteivorsitzenden. Offenbar empfinden sie den Verzicht auf den Gründungskonsens der Grünen als wenig schmerzhaft.

So aber tragen die Grünen dazu bei, dass die Parteienverdrossenheit wächst, besonders bei Jugendlichen. Wenn Jugendliche die Parteien in Deutschland betrachten, müssen sie glauben, dass ihr Elan und ihre Utopien dort gnadenlos zerstört werden.

Es gibt eine lange Tradition der Parteien, in der sozialdemokratischen, der konservativen, den liberalen Parteien; ohne die jetzt geschichtlich aufzurollen, haben wir nach 1945 eine sehr klare Entwicklung der Parteien, wo die Parteien nicht mehr Instrumente sind, um das Bewusstsein der Gesamtheit der Menschen in dieser Gesellschaft zu haben, sondern nur noch Instrumente, um die bestehende Ordnung zu stabilisieren, einer bestimmten Apparatschicht von Parteifunktionären es zu ermöglichen, sich aus dem eigenen Rahmen zu reproduzieren, und so also die Möglichkeiten, dass von unten Druck nach oben und Bewusstsein nach oben sich durchsetzen könnte, qua Institution der Parteien schon verunmöglicht wurde – ich meine, viele Menschen sind nicht mehr bereit, in den Parteien mitzuarbeiten, und auch diejenigen, die noch zur Wahl gehen, haben ein großes Unbehagen über die bestehenden Parteien.
Rudi, 1967

Joschka Fischer hat gesagt, er wäre nicht Außenminister geworden, hätte er dem Jugoslawienkrieg nicht zugestimmt. Wäre es angesichts dieses Preises nicht besser gewesen, er wäre nicht Außenminister geworden? Was nutzt es einem, an der Regierung zu sein, wenn man Grundsätze nicht verwirklichen kann, zu deren Verwirklichung man die Regierungsbeteiligung anstrebte? Macht darf kein Selbstzweck sein. »Wir haben die USA nicht zu kritisieren«, diese Äußerung stammt von Joschka Fischer. Er hat vor zehn Jahren laut gegen den Golfkrieg der Amerikaner und Briten protestiert. Heute vertritt er Argumente, die man eher bei Politikern der Union ansiedeln würde. Nein, Amerika ist nicht das gelobte Land. Es ist keineswegs alles richtig, was amerikanische Präsidenten erklären.

Damit mich keiner falsch versteht. Man muss Haltungen aufgeben, die man als überholt erkennt. Es wäre tödlich für jede Partei und jeden Politiker, die zum Teil raschen Wandlungen der Wirklichkeit nicht wahrzunehmen. Das kann man sich in der Opposition eher leisten als an der Regierung. Aber die Glaubwürdigkeit von Parteien und Politikern leidet, wenn man schon gar nicht mehr weiß, welche Positionen sie morgen vertreten werden. Ich spreche ja gar nicht von übermorgen.

Der Stuttgarter Parteitag

Man lernt Menschen nicht an einem Tag kennen, Parteien schon gar nicht. Aber man kriegt eine Menge mit von ihnen. Es war für mich wichtig, einmal von Anfang bis Ende an einem Parteitag teilzunehmen, er fand vom 8. bis zum 11. März 2001 in Stuttgart statt. Dort wurde Claudia Roth zur Parteivorsitzenden neben Fritz Kuhn gewählt. Sie folgte Renate Künast nach, die Verbraucherministerin wurde. Ich war gespannt darauf, wie die Delegierten sich verhalten würden. Ich hatte erwartet, dass die Basis die Debatte tragen und bestimmen würde. Bald aber erschienen mir die meisten Delegierten wie unmotivierte Spießer. Sie applaudierten brav den Reden ihrer Führer. Es war stinklangweilig und inhaltlich mehr als arm. Alle waren erpicht darauf, dem Fernsehen Bilder schönster Harmonie zu liefern. Es sah aus wie auf einem FDP-Parteitag. Mich wundert es nach diesem Eindruck nicht mehr, dass die Grünen als Regierungspartei bei allen Wahlen Stimmen verlieren. Wer will schon eine Partei ohne Biss wählen? Statt klarer Orientierung an grünen Zielen gab es aufgeblasene Rhetorik, pseudokämpferische Miniglaubensbekenntnisse, die nichts verlangen, schon gar nicht Prinzipientreue. Die Grünen präsentierten sich in Stuttgart als Funktionspartei.

Ihre Geschichte und ihre Zukunft aber fordern, dass die Grünen eine Alternative darstellen zu den anderen Parteien, in ihrer Struktur wie in ihrer Politik. Heute könnte man aber fast glauben, dass der linke Flügel der SPD die Grünen links überholt hat. Und die PDS beginnt sich sogar als Antiatom- und Friedenspartei zu verkaufen. Für die Grünen wird es eng. Wen sollen die Menschen künftig wählen, die bisher immer die Grünen gewählt haben? Wo sind die Vorkämpfer für Moral und Grundsatztreue geblieben?

Mich hat überrascht auf dem Parteitag, wie fest die Realos fast alles im Griff hatten. Ihnen geht es vor allem um die Selbstdarstellung, was scheren sie Inhalte und Prinzipien der Partei? Heute so, morgen so, Hauptsache, es nutzt ihrem Image. Das öffentliche Ansehen ist ihnen wichtiger als das Schicksal der Partei, der allein sie ihren Aufstieg verdanken. Sie laufen Wählern hinterher und verlieren den Wählerstamm. Diese Politik ist gewissenlos.

Wenn es für die Realos knapp wird, greifen sie zu Tricks. Ein Beispiel dafür war der Antrag über die Asylpolitik (zu diesem Thema später mehr). Delegierte des Parteitags wollten die Einschränkung des Asylrechts von 1993 wieder aufheben, vor allem die so genannte Drittstaatenregelung abschaffen. Diese Regelung sagt, dass Deutschland von Staaten umgeben ist, in denen Asylanten nicht weniger Rechte genießen als in Deutschland selbst. Daher werden Asylbewerber, die aus solchen Staaten kommen, an den Grenzen abgewiesen ohne Einzelfallprüfung. Die Europäische Menschenrechtskonvention verlangt aber die Einzelfallprüfung. Deshalb sollte es für eine Partei wie die Grünen selbstverständlich sein, das Asylrecht den europäischen Mindeststandards anzupassen, also das Grundrecht auf Asyl in vollem Umfang wiederherzustellen, wie es im Grundgesetzartikel 16 verankert war, bevor dieses Recht 1993 eingeschränkt wurde durch den Artikel 16a.

Der Antrag auf Wiederherstellung des früheren Grundgesetzartikels 16 kam an einem späten Abend des Parteitags zur Abstimmung. Die meisten jener Delegierten, die brav alles absegneten, was der Realoflügel vorlegte, waren schon gegangen. Nun drohte die Gefahr, dass es eine linke Mehrheit auf dem Parteitag gab. Als das Realo-Parteitagspräsidium die Gefahr erkannte, versuchte es alles Mögliche, um die Abstimmung zu verschieben. Es sei zu spät, zu viele Delegierte seien gegangen usw. Es wurde trotzdem abgestimmt. Als nicht zu erkennen war, wer die Mehrheit hatte, versuchte das Präsidium zu verhindern, dass schriftlich abgestimmt wurde, was in solchen Fällen erforderlich ist. Aber wieder verlangte eine Mehrheit, dass die Abstimmung fortgesetzt würde. Die Realos fürchteten, dass die Medien der Partei den Rückfall in alte Zeiten vorwürfen.

Nach Auszählung der Stimmen gab das Präsidium bekannt, dass der Antrag eine knappe Mehrheit erhalten hatte. Es versuchte erneut, den Beschluss zu verhindern, indem es behauptete, die Abstimmung sei nicht regulär gewesen. Aber auch dieser Vorstoß scheiterte.

Der Parteiführung fiel zu diesem Parteitagsbeschluss nichts Besseres ein, als zu erklären oder anzudeuten, dass er nicht ernst genommen werde. Er sei nicht durchsetzbar, utopisch geradezu, und deshalb erledige sich das Thema von selbst.

Die ebenfalls beschlossene Trennung von Amt und Mandat finden die Realos dagegen weniger tragisch. Ihre Führer bestimmen auch ohne Mandat längst, was die Partei tut. Und die Trennung erlaubt es den Realos, mehr Leute in Gremien und Ämtern unterzubringen, befriedigt also die Karrierewünsche besser als jede andere Regelung.

Ich habe in der konservativen »Frankfurter Allgemeinen Zeitung« gelesen, dass die Grünen durch ihre Kompromissbereitschaft in der Atom- und Außenpolitik ihre Wurzeln verloren hätten. Die Führungsschicht der Grünen beziehe ihre Entschlüsse aus der Demoskopie und nicht aus dem Parteiprogramm. Sie betreibe Politik im Stil der FDP – personalbezogen, erfolgsorientiert und kaum von Grundsätzen geleitet. Auch wenn ich sonst mit den Thesen der »F. A. Z.« nicht viel anfangen kann, hier muss ich ihr Recht geben. Genauso war es auf dem Parteitag der Grünen in Stuttgart.

Die zweite APO

Manchmal könnte man vermuten, die Grünen haben in ihrer Zeit als außerparlamentarische Opposition mehr erreicht als in der Regierung. Als ich mich mit Rudis politischer Biografie befasste, fiel mir auf, was für vielfältige und starke außerparlamentarische Bewegungen es gab in den siebziger und achtziger Jahren in Westdeutschland. Die Grünen sind ein Produkt dieser Bewegungen gegen Atomkraftwerke und Atomraketen. Die außerparlamentarische Bewegung trug die Grünen in die Parlamente. Aber irgendwann ist es umgekippt. Da waren die Grünen nicht mehr die parlamentarische Vertretung der außerparlamentarischen Opposition. Da fanden sie, es reiche, in den Parlamenten zu opponieren. Und nun sind sie in der Regierung, und ihre Führung will verhindern, dass gegen ihre Beschlüsse demonstriert wird.

Erst die zweite außerparlamentarische Bewegung, die »zweite APO« (Rudi) der siebziger und achtziger Jahre, hat den meisten Deutschen klar gemacht, dass Umweltpolitik kein Luxus ist, sondern überlebenswichtig. Und die zweite APO hat mit ihrem Protest gegen den Aufrüstungswahn der Atommächte geholfen, die Zustimmung zur amerikanischen Aufrüstung in der SPD in Ablehnung zu verwandeln. Allerdings weiß ich, dass die Bedingungen für eine dritte APO heute schlecht sind. Es ist links zwar viel Platz frei geworden. Aber hier versucht die PDS sich als letzte linke Kraft zu profilieren. Auch wenn sie im Westen kaum ein Bein auf den Boden kriegt, genügt ihre Aktivität, um Menschen an sich zu binden, die eine neue außerparlamentarische Bewegung initiieren könnten. Außerdem fühlen sich viele Linke nach wie vor vertreten von Rot-Grün. Das aber wird nicht so bleiben, wenn es weiter nach rechts geht.

Betrachtet man die Bilanz der Grünen in der Koalition mit der SPD, so fällt zuerst ins Auge, dass die Gewaltfreiheit als Prinzip einer Bevorzugung politischer Lösungen gewichen ist, die kriegerische Mittel keineswegs ausschließen. Und in der Atompolitik ist die Forderung nach einem sofortigen Ausstieg dem Konsens gewichen, der den AKW-Betreibern drei Jahrzehnte Zeit lässt, bis sie ihre Anlagen schließen müssen. Leider kann niemand garantieren, dass die Atomkraftwerke in diesen dreißig Jahren nicht havarieren. Außerdem scheint mir dieser Konsens so sehr den Interessen von RWE und Co. zu entsprechen, dass der Begriff eher in die Irre führt. Der Zeitraum für den Ausstieg ist so lang, dass wohl alle AKWs aus betriebswirtschaftlichen Gründen geschlossen werden, bevor der Atomkonsens den Ausstieg erzwingt.

Alle Grünen – auch Herr Gruhl* – werden sich darüber klar sein, dass ihre Tradition, die sie haben, keine linke Tradition ist, und wir wissen, dass unsere Tradition nicht eine Gruhl-Tradition ist. Aber wir wissen eines: Es geht (mit der Atomkraft) um eine fundamentale Fragestellung unseres Jahrzehnts und der nächsten Generationen. Und darum müssen wir zusammenarbeiten, und ich hoffe, dass auch Sozialdemokraten mit uns in dieser gefährlichen Sache eine gemeinsame Arbeit beginnen.
Rudi, 1979

Ich bin enttäuscht von Umweltminister Jürgen Trittin, nicht nur wegen des Atomkonsenses, der diesen Namen nicht verdient. Ich halte es für abwegig, dass er

---

* Der 1993 verstorbene konservative Publizist Herbert Gruhl gehörte zu den Mitbegründern der Grünen.

ernsthaft versucht hat, Mitglieder von Bündnis 90/ Die Grünen davon abzuhalten, gegen die Castor-Transporte nach Gorleben zu demonstrieren. Er hat sich sogar in Briefen an die Mitglieder bemüht, diese umzustimmen. Glücklicherweise ist dieser Versuch gescheitert, nachdem der Stuttgarter Parteitag im März 2001 einen Kompromiss fand, der Demonstrationen für legitim erklärte. Dieser Beschluss ist eine Blamage für Trittin, der sich ja als Vertreter des linken Flügels profiliert hat. Seit ich in Deutschland bin, verfolge ich, was Trittin tut. Ich habe nicht begriffen, warum er als Linker gilt. Er will wohl Minister bleiben.

Es gibt ohnehin nur noch wenige, denen die Gründungsprinzipien der Grünen glaubhaft wichtig sind, Christian Ströbele etwa. Ihm merkt man die Schmerzen der vielen Kompromisse an. Obwohl er in der Fraktion in der Minderheit ist, setzt er immer wieder Zeichen. Zuletzt beim Stuttgarter Parteitag, als er einen Antrag einbrachte, der forderte, Amt und Mandat in der Partei zu trennen. Mit Erfolg, auch wenn Vertreter der Parteiführung sich offenbar vorgenommen haben, diesen Beschluss des Parteitags nicht ernst zu nehmen.

Auch auf die neue Vorsitzende Claudia Roth setze ich Hoffnungen. Gut gefällt mir der Spruch, der ihr nachgesagt wird: »Auch grüne Männer sind Männer.« Sie hat sich bisher nicht verbiegen lassen, zum Beispiel bei der Frage der Rüstungsexporte. Die sind unter Rot-Grün nicht geringer geworden. Nach wie vor erhält zum Beispiel die Türkei Waffen, obwohl dort die Kurden unterdrückt werden und es auch sonst mit Menschenrechten nicht weit her ist.

Gute Ansätze

Meine Kritik an der Politik der falschen Kompromisse heißt nicht, dass ich die Fortschritte wegrede, die wesentlich auf die Grünen zurückzuführen sind. Die Ökosteuer ist ein Beispiel. Sie verteuert den Energieverbrauch, das ist eine alte grüne Position. Allerdings ist sie in den Verhandlungen innerhalb der rot-grünen Koalition zum Teil zerredet worden. Besonders energieintensive Produktionszweige werden gering oder gar nicht belastet. Widersinnig ist es auch, dass Steinkohle und Braunkohle von der Ökosteuer befreit sind. Bei der Verbrennung von Kohle entsteht Kohlendioxid, der Klimakiller Nummer eins. Die Ökosteuer ist trotzdem ein guter Anfang, sie muss in den kommenden Jahren aber konsequenter fortgeschrieben werden.

Richtig ist zum Beispiel auch die Einführung des Dosenpfands. Es verringert die Energieverschwendung und Umweltverschmutzung in der Lebensmittelindustrie. Vielleicht kann es dazu beitragen, umweltschädliche Konsumweisen bewusst zu machen. Nach wie vor etwa werden Waren viel zu aufwendig verpackt.

Wichtiger aber noch als das Dosenpfand ist die Wende in der Landwirtschafts- und Verbraucherpolitik, wie sie von Renate Künast verkörpert wird. Massentierhaltung ist pervers. Schweine, Kälber oder Hühner werden auf engstem Raum gehalten, weil die Betriebe sie mit möglichst geringen Kosten in möglichst kurzer Zeit mästen und schlachten wollen. Die Tiere können sich kaum bewegen. Weil sie nicht artgerecht gehalten werden, erkranken sie, Verhaltensstörungen sind normal.

Hinzu kommt, was der Schweinemastskandal im Frühjahr 2001 einmal mehr gezeigt hat. Nach wie vor setzen Bauern und Tierärzte viel zu viel Chemie ein, oft

sogar illegal. Da werden Schweinen Antibiotika ge-
spritzt, um Entzündungen vorzubeugen. Man hat von
Bauern gehört, die Schweine auf knapper Fläche in
feuchten und kalten Ställen halten und Antibiotika
geben, um die unter solchen Bedingungen drohenden
Infektionen zu vermeiden. Diese Bauern hätten besser
ihre Ställe trockengelegt. Antibiotika sollen außerdem
die Tiere schneller wachsen lassen, man kann sie also
früher schlachten.

Die Politiker trauen sich kaum, Bauern zu kritisieren,
und versuchen stattdessen, den Bauernverband gegen
die Bauern auszuspielen. Sie wollen eine wichtige Wäh-
lergruppe nicht vergrätzen. Aber der Schweinemastskandal hat offenbart, dass Bauern in erheblicher Zahl
eine Tierhaltung praktizieren, die den Tieren, der
Umwelt und am Ende auch den Menschen schadet.
Aber wir verdrängen ja so gerne. Längst vergessen etwa
ist die Gefahr, dass die Gülle von Tieren, die mit Antibiotika vollgepumpt werden, Ackerböden verseucht.
Durch die intensive Tierhaltung und den massenhaf-
ten Einsatz von Antibiotika gelangen antibiotikaresis-
tente Bakterien in die Gülle und damit auf die Felder
und in die Früchte, die der Mensch verzehrt. Gleichzeitig warnen Mediziner vor der Gefahr, dass immer mehr
Menschen resistent werden gegen Antibiotika. Das hat
sicher auch damit zu tun, dass Antibiotika zu oft ver-
schrieben und eingenommen werden. Aber es liegt
auch daran, dass unsere Lebensmittel klammheimlich
verseucht werden.

Zur Massentierhaltung gehören die unsäglichen Tier-
transporte, gegen die inzwischen sogar die EU-Kommission aktiv geworden ist. Der Quälerei in den Ställen
folgt die Quälerei auf den Straßen. Tiere werden unter
unsäglichen Bedingungen kreuz und quer durch ganz

Europa gekarrt. Verschiedene Stadien der Aufzucht von Nutztieren finden auf verschiedenen Höfen statt, zwischen denen die Tiere hin und her gefahren werden. Das ist Landwirtschaft pervers.

Die quälerische Massentierhaltung und die nicht weniger grausamen Schlachttiertransporte müssen abgeschafft werden. Ziel einer grünen Landwirtschaftspolitik muss sein, die Tiere artgerecht und umweltfreundlich aufzuziehen, um sie danach auf kürzestmöglichem Weg und tiergerecht zum Schlachthof zu bringen, wo sie schonend geschlachtet werden.

Gemessen an diesen Anforderungen ist Renate Künast auf dem richtigen Weg, aber noch ganz am Anfang. Allerdings wird es schwer sein, diese Forderungen durchzusetzen, weil die EU die Landwirtschaftspolitik maßgeblich bestimmt. Es läuft auf einen Streit mit der EU-Kommission hinaus, ich fürchte, die Verbraucherministerin könnte dabei den Kürzeren ziehen. So begeistert die Mitglieder der Grünen sind über die Vorstellung, dass nun endlich alte Forderungen der Partei mehrheitsfähig zu sein scheinen, es stehen noch schwere Kraftproben bevor. Und damit die Gefahr, dass Ernüchterung und Enttäuschung die Euphorie verdrängen.

Die Ernüchterung hat längst angefangen. Die Tatsache nämlich, dass zigtausende von Rindern in Deutschland und in der EU getötet wurden, um die Marktpreise zu stützen, ist pervers. Das fängt schon bei der Sprache an. Das Bundeskabinett hat am 31. Januar 2001 beschlossen, die Rinder »vom Markt zu nehmen«. In Wahrheit ging es um Giftspritzen, Elektroschocks oder Bolzenschussgeräte und darum, die Tiere nach der Tötung zu verbrennen. Die meisten dieser Tiere, die in Massentierhaltung lebten, hatten nie die Sonne oder eine Wiese gesehen. Sie wurden nicht getötet, weil sie krank gewesen wären, sondern weil die Menschen in Europa unter dem Schock von BSE weniger Rindfleisch essen.

Die Kühe sind unschuldig

BSE, ausgeschrieben Bovine Spongiforme Encephalopathie (schwammartige Hirnkrankheit des Rinds), hat sich ausgebreitet, weil es auch in der Landwirtschaft zuerst darum geht, den Profit zu steigern. Koste es, was es wolle. Um die Kühe billig zu füttern, wurden Laborratten, tote Haustiere und Schafe, die bereits an Scrapie (das ist BSE bei Schafen) erkrankt waren, zu Tiermehl verarbeitet. Es ist schon pervers, den Pflanzenfressern tote Tiere zu fressen zu geben. Aber damit nicht genug, es wurde auch bei der Herstellung des Tiermehls gespart. Auch in Deutschland wurden erhebliche Teile des Tiermehls – man spricht von rund dreißig Prozent – nicht vorschriftsgemäß erhitzt. Man hätte die BSE-Gefahr verringern können, wenn man das Tiermehl ausnahmslos auf 133 Grad Celsius bei 3 Bar Überdruck für 20 Minuten erhitzt hätte. Einige Tiermehlfabriken erreichten nicht einmal 100 Grad. Je heißer und länger, desto teurer.

Schuld an BSE sind Bauern, Tiermehlproduzenten, Großschlachter und der globalisierte Handel. Unschuldig sind mit Sicherheit die Kühe, die ältesten Freunde der Menschen.

Die von Menschen gemachte biologische Zeitbombe wird nicht entschärft, weil Renate Künast Tausende von Rindern töten ließ. Man kann die perverse Logik der industrialisierten Landwirtschaft nicht durchbrechen,

indem man ihr weiter folgt. Erst hat die Landwirtschaftspolitik die Haltung der Rinder subventioniert,
dann subventionierte sie deren Vernichtung, obwohl
die Tiere gesund waren. Die Maul- und Klauenseuche,
die auf BSE folgte, hat einmal mehr verdeutlicht, dass
die Massentierhaltung beendet werden muss. Die Bilder von Hunderten von brennenden Tierkadavern
waren Furcht erregend.

Um den Irrsinn weniger irrsinnig erscheinen zu lassen, werden nicht alle Kühe verbrannt. Rindfleisch
wurde in Dosen gepackt und nach Nordkorea ver-
schifft. Diese Aktion kostete ein Vielfaches von dem,
was hätte aufgebracht werden müssen, um in Nordkorea auf angemessene Weise etwas gegen den Hunger zu
tun. Der Export nach Nordkorea ist genauso abwegig
wie die Verbrennung, wenn auch aus anderem Grund.
Die Menschen in Nordkorea haben andere Essgewohn-
heiten, sie ernähren sich vor allem von Reis. Es wäre
sinnvoller, den Reisanbau in Nordkorea zu unterstützen, als tote Rinder in Dosen dorthin zu verfrachten. Bei
gleichen Ausgaben würde ein Mehrfaches an Nahrungs-
mitteln erzeugt werden, und dies nachhaltig.

Nein, die Hungernden in Nordkorea erweisen sich
als nützlich, weil sie unser Gewissen beruhigen, wenn
sie Rindfleisch essen, das in Europa keiner haben will.
Es geht nicht um den Hunger der Nordkoreaner, sondern um das Gewissen der Europäer. Es ist schade, dass
sich eine grüne Ministerin auf solchen Wahnsinn eingelassen hat.

Statt Rinder aus Profitgründen zu töten, sollte man
die Chance nutzen, die Massentierhaltung zurückzu-
drängen. Als Erstes müsste die künstliche Befruchtung
der Kühe für eine Zeit gestoppt werden. Außerdem
muss ein sicherer BSE-Test entwickelt werden. Bauern,

die weiter auf Massentierhaltung setzen, dürfen nicht mehr subventioniert werden. Es kommt prinzipiell darauf an, die Zahl der Nutztiere nachhaltig zu verringern, die Lebensqualität der Tiere zu erhöhen und so den Nahrungsbedarf der Menschen und das Angebot in ein ökologisch vernünftiges Gleichgewicht zu bringen.

Modernisierung des Rechts

Zwei Reformen, die wesentlich auf die Grünen zurückgehen, haben die Konservativen zur Weißglut gebracht: die Reform des Staatsbürgerschaftsrechts und der Schutz gleichgeschlechtlicher Partnerschaften.
Das Staatsbürgerschaftsrecht wurde leider verwässert, weil die Koalition im Bundesrat angewiesen war auf die Stimmen der FDP. Und doch ist es ein großer Erfolg.

Bis zum 1. Januar 2000 galt der Grundsatz: Ein Kind wird mit der Geburt Deutsche oder Deutscher, wenn zumindest ein Elternteil deutscher Staatsbürger ist. Seit dem 1. Januar 2000 gilt zusätzlich das Geburtsrecht. Das heißt, in Deutschland geborene Kinder von ausländischen Eltern werden mit der Geburt automatisch Deutsche, wenn ein Elternteil sich bei der Geburt seit mindestens acht Jahren dauerhaft und rechtmäßig in Deutschland aufhält und seit mindestens drei Jahren eine unbefristete Aufenthaltsgenehmigung hat. Außerdem erwerben diese Kinder durch Geburt in der Regel die Staatsangehörigkeit ihrer Eltern.

Allerdings müssen sich diese Kinder nach der Volljährigkeit bis zum 23. Lebensjahr für eine Staatsbürgerschaft entscheiden. Sie verlieren die deutsche Staatsbürgerschaft, wenn sie ihre ausländische behalten wollen. Nur wenn es unmöglich oder unzumutbar ist, die ausländische Staatsbürgerschaft aufzugeben, wird eine doppelte Staatsbürgerschaft akzeptiert.

Den Kampf um die doppelte Staatsbürgerschaft hat Rot-Grün zunächst verloren. Es gelang den Konservativen, fremdenfeindliche Instinkte in der Bevölkerung zu wecken. Gesponsert von reichlich Schwarzgeld, hat die CDU in Hessen im letzten Landtagswahlkampf alle Register gezogen, um auch ganz rechts Stimmen einzusammeln. »Wo kann man hier gegen die Ausländer unterschreiben?«, fragten viele, als die CDU ihre Unterschriftenkampagne gegen die doppelte Staatsbürgerschaft startete. Die NPD hat ihren Anhängern geraten, bei der CDU zu unterschreiben. Ich werde mich später zum Rechtsextremismus äußern. Hier nur so viel: Diese Unterschriftenkampagne der CDU in Hessen und genauso der Kinder-statt-Inder-Wahlkampf der CDU in Nordrhein-Westfalen zeigen, dass der Rechtsextremismus aus der Mitte unserer Gesellschaft kommt. Dort finden die Neonazis ihre Stichworte und das Gefühl, nur das zu tun, was ein Großteil der Gesellschaft klammheimlich wünscht.

Der Druck von Rechts und die Einwendungen der FDP haben die allgemeine Einführung der doppelten Staatsbürgerschaft verhindert. Deswegen gibt es nun einige Schwierigkeiten. Manche hatten geglaubt, in Deutschland lebe eine Million Ausländer, die nur darauf warte, die deutsche Staatsbürgerschaft zu beantragen. Es waren im Jahr 2000 aber nicht einmal 150 000 Menschen, die dies taten. Darunter fallen 50 000 Kinder, die nach dem neuen Recht automatisch deutsche Staatsbürger wurden.

Ein Grund für die nur zurückhaltende Wahrnehmung des neuen Rechts ist banal: Sie kostete bis vor kurzem 500 Mark pro Kind. Wichtiger aber ist die Tatsache, dass durch die Einschränkung des ursprünglichen Entwurfs eines neuen Staatsbürgerschaftsrechts die Eltern den Doppelpass nicht bekommen. Warum sollten sie also ihre Kinder motivieren, sich einbürgern zu lassen? Es ist doch seltsam, dass Kinder eine andere Staatsbürgerschaft haben sollen als ihre Eltern. Die Eltern können sich einbürgern lassen, aber dann verlieren sie die angestammte Staatsangehörigkeit. Ich verstehe es nicht: Warum kann einer nicht Türke und Deutscher zugleich sein? In welcher Welt leben wir eigentlich? Da wird geredet von Europa und Globalisierung, aber bei der Staatsbürgerschaft trifft man immer noch auf Glaubenssätze aus dem vorletzten Jahrhundert, aus einer Zeit, als der Nationalismus die Köpfe der Menschen verwirrte. Die Angst vor dem Fremden, das eigene Überlegenheitsgefühl – das gibt es immer noch, auch wenn es manchmal mit modern klingenden Wörtern überschrieben wird. Was forderte die CDU in Hessen in ihrer Unterschriftensammlung gegen die doppelte Staatsbürgerschaft? Integration!

Wie weit CDU und CSU zurückhängen hinter den Erfordernissen der Zeit, zeigt auch die Debatte über die Leitkultur. Da wirft ein frisch gewählter Fraktionsvorsitzender aus Gründen der persönlichen Profilierung ein Wort in die Debatte, das ihm offenkundig gerade erst eingefallen war. Die ebenfalls frisch gewählte Parteivorsitzende zeigt sich erst widerspenstig, dann erklärt sie, den neuen Begriff müsse man mit Inhalt füllen. Schauen wir genau hin: erst der Begriff, dann der Inhalt. Normalerweise geht das andersherum: Man formuliert eine Position und sucht dann einen geeigneten Begriff dazu. In der Wirklichkeit verschwimmen die Phasen der Begriffsfindung natürlich. Aber dass einer mit dem

Vorschlaghammer zuschlägt und danach erst gefragt wird, wohin er eigentlich schlagen wollte, das gibt es selten.

Sollen wir darüber diskutieren, dass sich auch Ausländer an die Gesetze halten müssen? Lächerlich. Dass das Grundgesetz mit seinen Pflichten und Rechten auch für sie gilt? Lächerlich. Um was also geht es?

Viele im CDU-Parteivorstand waren nicht glücklich mit Merz' Begriffsfindung, wurde berichtet. Aber sie haben es hingenommen, um den gerade gewählten Fraktionschef nicht bloßzustellen. Was soll Leitkultur mehr bedeuten als die Forderung, dass Ausländer sich an deutsche Gesetze halten müssen? Sollen sie die Nationalhymne singen können?

Natürlich bedeutet Leitkultur mehr. Sonst wäre der Begriff nicht geprägt und unterstützt worden. Dieser Begriff ist wegen seiner Undeutlichkeit ein Signal nach rechts. Er appelliert an Überfremdungsängste. Er sagt: Es wird Zeit, dass wir Deutschen wieder Herr im eigenen Haus werden. Als gäbe es eine Bedrohung durch Ausländer. Das ist die rechtsextremistische Interpretation des Begriffs Leitkultur. Natürlich würde Merz diese Interpretation zurückweisen. Aber so wird er verstanden. Der Unterschied zwischen einem Stammtischbruder und einem Politiker sollte darin bestehen, dass der Politiker die Wirkung seiner Worte bedenkt. Wenn Merz es getan hat, umso schlimmer. Wenn er es nicht getan hat, dann sollte er sich vielleicht einen anderen Beruf suchen. Es sind diese Signale nach rechts, die den Rechtsextremismus am Leben erhalten.

Streit um die »Schwulen-Ehe«

Konservative schäumen auch, weil die Grünen durchgesetzt haben, dass gleichgeschlechtliche Partnerschaften rechtlich verankert werden können. Am lautesten aufgeschrien haben Würdenträger der katholischen Kirche. Sie sehen die Institution der Ehe gefährdet, also etwas, von dem sie allenfalls theoretische Vorstellungen haben dürfen. In Wahrheit scheint bei vielen Protesten etwas anderes durch: die Ablehnung von Homosexualität. In der Vergangenheit wurden Schwule als pervers diskriminiert. Homosexualität galt als widernatürlich, weil sie sich nicht auf die Fortpflanzung richtete. Die katholische Kirche verbreitet heute noch den Unsinn, dass Sexualität, die nicht der Kinderzeugung dient, gegen Gottes Gebot sei. In früheren Zeiten versuchten Psychiater Homosexuelle »umzudrehen«, oft mit Gewalt. Die Nazis haben mehr als 15 000 Schwule umgebracht. Und natürlich fällt es dem deutschen Spießbürger heute noch schwer zu akzeptieren, dass es noch eine andere Sexualität gibt. Je mehr er frömmelt, desto mehr hasst er die Schwulen. Niemand verkörpert den Spießbürger politisch besser als CDU/CSU. Womit nicht gesagt sein soll, dass nicht auch andere Parteien sich erfolgreich um das Gemüt des Stammtischs bemühen.

Dabei ist es längst überfällig, was die Koalition durchgesetzt hat. Schwule und Lesben können sich auf Standesämtern als Partner eintragen lassen. Das stellt diese Partnerschaften in Erbfällen steuerlich Ehen gleich. Ausländische Partner kommen in den Genuss der Nachzugsregelung des Ausländerrechts. Eine eingetragene Lebenspartnerschaft kann nach zwölf Monaten Trennungszeit gerichtlich aufgelöst werden. Eine einseitige Trennung ist nach einer Trennungszeit von 36 Monaten möglich. Die Unterhaltsansprüche entsprechen denen von Ehegatten. Das ist alles. In einer liberalen Gesellschaft sollten die Menschen ihre Lebensformen frei wählen können. Das gilt auch für Partnerschaften. Und was schädigt es die Ehe, wenn es neben ihr andere Formen von Partnerschaft gibt?

Hinter dem Widerstand gegen die »Schwulen-Ehe« steckt das gleiche Motiv wie hinter der Kampagne gegen die doppelte Staatsbürgerschaft: die Ablehnung von allem, was dem deutschen Spießbürger fremd erscheint. Er empfindet Unterschiedlichkeit nicht als Bereicherung, sondern als Bedrohung. Die selbst ernannten Eheschützer sollten sich besser darum kümmern, die Gewalt von Männern gegen Frauen einzudämmen und dafür sorgen, dass eine wachsende Zahl von Kindern nicht in Armut aufwächst. Darüber hört man keine Empörung. Das ist so erstaunlich wie aussagekräftig.

Sich verwischende Unterschiede

Trotz aller Fortschritte aber verlieren die Grünen rasch an Profil. Auch andere Parteien betreiben Umweltpolitik, wenn natürlich auch nicht so konsequent wie Bündnis 90/Die Grünen. Die Zustimmung zum Atomkonsens und zum Jugoslawienkrieg aber hat wichtige Unterschiede zu anderen Parteien verringert. Die Grünen wurden gegründet als Partei der Antiatomkraft- und der Friedensbewegung. Keine anderen Themen hatten auch nur annähernd einen vergleichbaren Stellenwert. Das dritte, was die Grünen von anderen Parteien fundamental unterschied, waren die inneren Strukturen, das, was als Basisdemokratie verstanden wurde. Nur knapp hat sich auf dem Parteitag in Stuttgart im März 2001 Christian Ströbele durchgesetzt mit seinem Antrag zur Trennung von Amt und Mandat. Fast die Hälfte der Delegierten folgte schon den Realos, die die Grünen so umbauen wollen, dass sie sich auch innen nicht mehr unterscheiden von der Konkurrenz. Wenn aber die Unterschiede zu anderen Parteien weiter verwischen, warum soll man dann noch die Grünen wählen?

Diese Frage müssen die Grünen beantworten. Werden immer weniger Menschen Grün wählen, wenn sie ihre Politik nicht verändern? Ich denke ja, und deswegen brauchen die Grünen ein Konzept von Kritik und Selbstkritik, um wieder den Platz im politischen Spektrum zu finden, wo sie die meisten ihrer Ziele verwirklichen können.

Die grüne Opposition, die zweite APO, muss substantiell und inhaltlich noch manches klären. Es muss Klarheit geben in Bezug auf die Frage von Demokratie und Sozialismus, das Verhältnis von Ökonomie und Ökologie muss geklärt werden. Hier ist noch vieles ungeklärt, aber eines ist, meines Erachtens, das Entscheidende: In der wichtigsten Frage herrscht Einheit. Alle wissen, dass der Weiterbestand der Gattung in Frage steht. Es geht nicht nur um ein Klasseninteresse.
Rudi, 1979

Was Rudi vor 22 Jahren schrieb, ist heute zum Teil immer noch wichtig. Bei den Grünen herrscht Einheit über die großen Ziele, aber es fehlt die Klarheit bei der Umsetzung. Ich halte es für notwendig, dass die Politik sich an Grundsätzen und an moralischen Prinzipien ausrichtet. Den Grünen fehlt es nicht an Fähigkeiten oder menschlichen Qualitäten, aber am Antrieb, die eigenen grundlegenden Ziele durchzusetzen.

Demonstrationsverbot

Für eine dritte APO sprechen die Defizite der Politik aller Parteien, auch die unnötige Überanpassung an vermeintliche Sachzwänge, genauso die Karriereziele vieler politischen Führungskräfte. Ich hätte als Praktikant nicht Mitglied der Grünen werden müssen. Aber wenn schon Mitglied einer Partei, dann in der, die mein Vater mitgegründet hat.

Meine Kritik über vieles in der Partei wird gemildert durch meine Erfahrungen bei der Grünen Jugend Berlin. Die meisten dort betrachten die Welt von links. So haben wir uns zum Beispiel für Demonstrationen gegen die Castor-Transporte ausgesprochen und gegen das »Demonstrationsverbot« von Jürgen Trittin. Bei der Grünen Jugend Berlin herrscht eine gute Atmosphäre für politische Diskussionen und die Planung von Aktionen. Damit kann man die Welt nicht verändern, aber für Presseerklärungen und Veranstaltungen reicht es. Einmal im Jahr wird eine Fahrt nach Auschwitz organisiert, das kann für junge Leute eine wichtige Erfahrung sein.

Früher waren die Grünen der parlamentarische Arm der Friedens- und der Antiatombewegung. Heute tragen sie dazu bei, die Bürgerinitiativen zu schwächen. Das hat sich auch in der Debatte um die Castor-Transporte gezeigt. Die Parteivorsitzende Claudia Roth und die Bundestagsfraktionsvorsitzende Kerstin Müller waren im Wendland und haben an Demonstrationen teilgenommen. Sie wurden gellend ausgepfiffen. Viele betrachten die Grünen nicht mehr als Teil der Anti-AKW-Bewegung.

Kerstin Müller hat daraufhin erklärt, die Grünen würden sich dafür einsetzen, dass der Ausstieg aus der

Atomenergie früher erfolge. Das ist ein unglaubwürdiges Argument. Man kann nicht erst einen Atomkonsens beschließen und diesen als historischen Durchbruch feiern, um danach zu behaupten, man wolle den Ausstieg doch schneller hinkriegen. Wie denn, wo doch alles längst vereinbart ist? Will Kerstin Müller die SPD überzeugen, aus dem Konsens auszusteigen? Eine absurde Vorstellung. Aber solche Argumente zeigen nur die Ratlosigkeit der Grünen angesichts der Folgen des von ihnen mitzuverantwortenden Atomkonsenses.

Atomausstieg sofort!

Der Castor-Kompromiss auf dem Stuttgarter Parteitag vom März 2001 – ja zu den Castor-Transporten, ja zu Demonstration gegen Atomkraftwerke – verdeckt das eigentliche Problem. Wir müssen sofort aus der Atomenergie aussteigen, nicht erst in dreißig Jahren. Mit dem Atomkonsens verabschieden sich die Grünen aus der Anti-AKW-Bewegung, das haben auch die Demonstrationen im Wendland gezeigt. Wenn die Grünen in ihrer Vergangenheit irgendetwas waren, dann die Antiatompartei. Heute garantieren sie den Betrieb der AKWs. Die Atomindustrie aber wurde zu Recht »Grab der Menschheit« genannt.

Welches deutsche Atomkraftwerk läuft länger als dreißig Jahre? Und welche Firma würde sich heute trauen, ein neues Atomkraftwerk in Deutschland zu bauen? Insofern beendet der Atomkonsens nicht die Nutzung der Atomenergie, sondern er garantiert ihren Fortbestand. Das ist das Gegenteil grüner Politik. Es ist absurd, dass grüne Spitzenpolitiker den Atomkonsens bejubeln. Wie Christian Ströbele richtig gesagt hat, soll man Niederlagen eingestehen und sich nicht selbst belügen. Der Atomkonsens ist eine Niederlage. Vor der letzten Bundestagswahl verkündeten die Grünen als Ziel, dass alle Atomkraftwerke in drei Jahren abgeschaltet werden sollen. Und nun, nach der Wahl, werden dreißig Jahre als Riesenerfolg ausgegeben.

Diese Feigheit der Politik ist eine Beleidigung aller Opfer der Atomtechnik. Ist Tschernobyl schon vergessen? Und die Zehntausenden von Menschen, die an Radioaktivität gestorben sind? Ist schon verdrängt, dass der GAU auch bei uns jederzeit möglich ist? Und dass mit jedem weiteren Jahr Nutzung der Atomenergie die Wahrscheinlichkeit der Katastrophe größer wird?

Je näher das Ende der Atomenergie rückt, desto größer ist auch die Gefahr von Fahrlässigkeit in AKWs. Schließlich sollen die Profite bis zur letzten Sekunde stimmen. Es gehört wenig Phantasie dazu, sich vorzustellen, wie im Jahr 2025 der betrunkene Heinz und sein Kollege Moritz ihr AKW allein bedienen, weil alle anderen schon rausgeflogen sind. Was passiert, wenn sie den falschen Knopf drücken oder es zu einem Zwischenfall kommt?

Mindestens drei AKWs in Deutschland sind jetzt schon besonders gefährlich. Wenn das Atomkraftwerk Brockdorf in der Nähe von Hamburg in einem GAU verglüht, müssen Hunderttausende von Menschen sterben. Norddeutschland wäre verstrahlt und für Jahrtausende unbewohnbar.

Und wie viele Castor-Transporte mit strahlendem Atommüll aus deutschen AKWs werden noch von La Hague nach Gorleben fahren? Die Perspektiven sind Schrecken erregend. Jährlich werden in Deutschland 20 000 Tonnen radioaktive Stoffe befördert, es sind insgesamt 445 000 Transporte. Das ist nicht akzeptabel. Wie viele Polizisten werden noch verstrahlt werden?

Die Grünen müssten mehr tun für Alternativen in der Energiepolitik. Das Hunderttausend-Dächer-Programm ist gut, aber nur ein kleiner Schritt. Wir sollten viel mehr investieren in die Solarenergie – in Forschung, Entwicklung und in Subventionen für Anwender. Solarzellen passen auf jedes Dach. Außerdem wurden große technische Fortschritte gemacht bei der Nutzung der Windenergie, der Wasserenergie und der Biomasse. Diese Möglichkeiten müssen und können viel stärker genutzt werden. Wenn wir es tun, können wir die Atomindustrie schnell abschaffen.

Meine Wendlandreise

Als die Debatte über friedliche Blockaden gegen den ersten Castor-Transport seit Jahren im März 2001 losging, wollte ich unbedingt selbst ins Wendland fahren und demonstrieren. Am 26. März, einem Montag, wollte ich los, der Castor-Transport wurde am Dienstag erwartet. Ich hatte Glück, ein ehemaliger Bekannter von Rudi wohnt bei Gorleben, er kennt den Sohn eines Nachbars namens Illia, der in Berlin wohnt und ebenfalls am Montag nach Dannenberg fahren wollte. Ich rief Illia an, und er war einverstanden, mich mitzunehmen. Es ging sofort los, und bevor ich es richtig begriff, war ich am Abend in Dannenberg. Uns begrüßten die Blaulichter der Polizei. Offenbar hatten Demonstranten eine Straße nahe des Bahnhofs blockiert. Ich sah viele Menschen und Sandsäcke. Irgendjemand erzählte mir, dass Greenpeace-Aktivisten sich mit der Polizei um ein Plakat stritten, das sie oben an einem Kran befestigt hatten.

Ich hatte noch einmal Glück, denn ich musste nicht

in einem Camp übernachten wie viele andere Demonstranten von außerhalb, sondern konnte bei Rudis Bekannten schlafen. Ich habe die Leute bewundert, die fünf eiskalte Nächte im Wendland in Zelten verbrachten. Ich blieb nur zwei Tage und hatte es vergleichsweise gemütlich. Insofern war ich also ein Weicheiwiderständler. Aber immerhin habe ich den gesamten Dienstag von frühmorgens bis nachts an Aktionen teilgenommen.

Mit Illia, seinem Bruder Florian und einem Freund von ihnen namens Hannes, dessen Vater offenbar Rudi kannte, fuhren wir zuerst nach Seerau, wo sich drei Greenpeace-Aktivisten an einer Eisenbahnbrücke angeseilt hatten. Sie waren mit Schlauchbooten zur Brücke gefahren und dann an den Pfeilern hochgeklettert, bevor die Polizei kapiert hatte, was los war. Wir konnten nicht mehr tun, als uns lautstark mit ihnen zu solidarisieren. Polizisten waren schon dabei, die Greenpeace-Leute von der Brücke wegzuschaffen. Ein Aktivist wurde von einem Polizisten getreten, er trat zurück. Ein anderer seilte sich freiwillig ab und spazierte in seinem gelben Gummianzug mit einem Antiatomplakat durchs flache Wasser, bis er eingefangen wurde. Am Ende beschlagnahmte die Polizei die Schlauchboote von Greenpeace.

Wir versuchten den Abtransport der Boote durch eine Straßenblockade zu verhindern. Aber Polizisten drängten uns bald zurück, und alle Polizeiautos konnten passieren. Die Polizisten waren nicht brutal, aber entschlossen und zahlreich. Dagegen hatten wir keine Chance.

Danach fuhren wir nach Schmessau, wo verschiedene Gruppen ein Lager eingerichtet hatten. Dort versammelten sich vielleicht 200 bis 300 Punks und Autonome. Von hier aus sollten Aktionen gestartet werden. Wir fuhren einmal nach Göhrde, um eine Kreuzung zu blockieren, aber die Polizei hatte aufgepasst oder unser Lager überwacht. Jedenfalls tauchten gleich mehrere grüne Autos auf.

Als wir zurück im Lager waren, schien es so, als wollte die Polizei es räumen. Überall sahen wir Polizisten, wir waren eingekreist. Aber dann traute die Polizei sich anscheinend doch nicht, uns anzugreifen. Es waren wohl zu viele Leute im Lager.

Die Stimmung unter uns sank, weil im Plenum keine Einigkeit über Aktionen herrschte. Inzwischen waren vier weitere Bekannte von Illia mit ihrem Auto zu uns gestoßen. Wir saßen stundenlang herum, nichts geschah. Bis wir uns endlich zu einer weiteren Aktion aufrafften. Zusammen mit zwanzig bis dreißig Leuten versuchten wir, eine Straße mit Ästen unbefahrbar zu machen. Aber wir waren zu wenige, um es zu schaffen.

Schließlich verließen wir das Lager und fuhren nach Dannenberg. Dort sollte eine angemeldete Demo stattfinden. Als wir ankamen, war erst einmal tote Hose angesagt. Aber dann erschienen immer mehr Leute. Als wir uns den Bahngleisen näherten, tauchten auf einmal rund fünfzig Polizisten aus einer Seitenstraße auf, um uns von den Schienen wegzudrängen. Aber diesmal waren die Demonstranten in der Überzahl, Hunderte umzingelten die Polizisten. Währenddessen versuchten wir zu den Gleisen durchzubrechen. Einige schafften es, aber dann rollten Wasserwerfer heran, und die Demonstranten mussten zurück. Nun ging es in Richtung Verladebahnhof, wo die Castoren eintreffen sollten. Aber sie kamen nicht, mutige Leute von Robin Wood hatten sich auf dem Gleiskörper einbetoniert, und der Transport musste warten. Er verspätete sich deswegen um einen Tag.

Ich fand es beeindruckend, mit welchem Mut sich junge Leute für ihre Überzeugungen einsetzten. Sie fürchteten weder Polizei noch Strafverfolgung. Genauso beeindruckt hat mich die Versammlung so vieler verschiedener Gruppen: radikale Linke, Punks, Autonome, Grüne, Bauern und ganz normale Bürger. Sie einte das Ziel, mit dem Atomwahn sofort aufzuhören. Dort zeigte sich, dass es immer noch möglich ist, viele Menschen zu mobilisieren.

Nur eine kleine Minderheit der Demonstranten versuchte es mit Gewalt. Aber sie waren isoliert, niemand solidarisierte sich mit ihnen. Polizisten verbreiteten das Gerücht, Demonstranten hätten Essigsäure verspritzt, aber das ist nicht wahr. Wahr ist dagegen, dass Polizisten Steine zurückschleuderten auf ungeschützte Demonstranten, als Autonome anfingen, mit Flaschen und Steinen zu werfen. Ich sah, wie die Scheiben eines Polizeibusses splitterten.

Eine solche Machtdemonstration der Polizei hatte ich noch nie gesehen. Mir wurde geradezu schwindelig angesichts der Unmengen von Uniformierten. Es war unerträglich, wie sie auch die Einheimischen schikanierten mit Straßenkontrollen. Es herrschte praktisch der Belagerungszustand.

Zurück zur Demonstration in Dannenberg. Wir waren an einem Deich angelangt, dort blieben die meisten stehen. Unsere Gruppe aber versuchte weiter voranzukommen. Hinter dem Deich war ein großes Feld, es wimmelte von Polizei. Eine kurze Zeit aber waren die Demonstranten zahlenmäßig überlegen, und wir bemühten uns, die Polizeisperre zu durchbrechen. Als wir es fast geschafft hatten, tauchten Wasserwerfer auf und drängten uns zurück zum Deich.

Gegen zwei Uhr morgens war es klar, dass die Castoren in dieser Nacht dank Robin Wood nicht kommen würden. Mit eingefrorenen Füßen fuhr ich zurück zu meiner Schlafstätte.

Am Morgen war bis auf wenige Polizeisperren nicht viel los, die Castoren waren immer noch blockiert. Die Sonne schien, ich ging in Dannenberg spazieren und aß ein Eis. Ich schaute mir die alte Grenze zur DDR an. Das Wendland ist wunderschön. Warum, verdammt, muss der Atommüll hierher verfrachtet werden, wo doch selbst Trittin und Schröder erklären, dass Gorleben ungeeignet ist als Endlager? Warum muss dieser gefährliche Müll überhaupt durch halb Europa gekarrt werden? Dort im Wendland wurde mir noch klarer, dass die rot-grüne Bundesregierung den Atomkonsens aufkündigen muss. Der Besuch hat mich noch stärker überzeugt davon, wie wichtig der friedliche Ungehorsam gegen den Wahnsinn der Atompolitik ist.

Die Illusionen über die Möglichkeiten parlamentarischer Politik bröckeln. Die Grünen sollten wieder beides miteinander verbinden, den Kampf im Parlament und den Kampf außerhalb des Parlaments. Sie sollten sich wieder den Bürgerinitiativen öffnen, auch wenn es zu Konflikten mit den Sozialdemokraten in Berlin führt. Eine Koalition ist kein Wert an sich. Außerdem gibt es auch in der SPD Kräfte, die mit dem Kriegskurs und der Umweltpolitik ihrer Parteiführung nicht einverstanden sind. Das hat sich am Streit um den Jugoslawienkrieg gezeigt. Warum versuchen wir nicht ein Bündnis zu schließen zwischen allen Kräften außerhalb und innerhalb der Parlamente für Ökologie und Frieden. Wir würden mehr erreichen als durch die Fixierung auf Ämter und öffentliche Anerkennung.

Der Krieg und die Raketen

Basisdemokratisch, ökologisch und gewaltfrei wollten die Grünen sein. Mit der Basisdemokratie haben sie inzwischen Schwierigkeiten. Mit der Ökologie auch, betrachtet man die Atompolitik. Die Wurzeln in der Friedensbewegung wurden mit dem Jugoslawienkrieg zum Teil abgeschnitten.

Vom 24. März bis zum 10. Juni 1999 bombardierten Flugzeuge der NATO Ziele im Kosovo und im restlichen Jugoslawien. Nachdem die Militärs zuerst versucht hatten, militärische Einrichtungen und Panzer im Kosovo zu treffen, gingen sie in einer zweiten Phase dazu über, die Infrastruktur Jugoslawiens zu zerstören. Mittlerweile wissen wir, dass die jugoslawische Armee die Angriffe fast unbeschadet überstanden hat. Dagegen wurden Zivilisten getötet und zahlreiche zivile Einrichtungen zerstört, wie Heizkraftwerke, Brücken, Straßen und Rundfunkgebäude.

Im Februar 2000 sagte Verteidigungsminister Rudolf Scharping, es gebe nun mal »keinen gerechten Krieg und auch keinen Krieg, in dem nur die Ziele getroffen werden, die man treffen will«. Wie wahr! Am Ende des letzten Jahrhunderts zeigte der Kosovokrieg wie in einem Brennglas alle Grausamkeiten, Verbrechen und Lügen, mit denen jeder Krieg einhergeht. Auf dem Balkan, wo seit Jahrhunderten immer wieder bewaffnete Konflikte aufbrechen, überlagern sich zahlreiche Faktoren. Die großen Religionen heizen den Hass an. Orthodoxe Christen (Serben), Katholiken (Kroaten) und Muslime (Bosnier und Albaner) haben alte, teils uralte Rechnungen gegeneinander offen. Manche, zum Beispiel die Schlacht auf dem Amselfeld, gehen zurück ins 14. Jahrhundert, werden aber heute noch als Argumentationsgrundlage benutzt. Das wäre lächerlich, wenn es nicht gefährlich wäre. Die tiefe Verwurzelung der Konflikte in der Geschichte erklärt, scheint mir, auch die Brutalität, mit der der unerklärte Krieg jeder gegen jeden auf dem Balkan ausgetragen wurde. Offenbar haben alle Beteiligten Kriegsverbrechen begangen, die jetzt vom Haager Kriegsverbrechertribunal langsam und mühselig aufgeklärt werden.

Betrachtet man die bisherige Bilanz des Jugoslawienkriegs, dann sind in allen umkämpften Landesteilen Menschen vertrieben worden. Das war nicht nur das Ziel der albanischen Untergrundorganisation UČK. Sie hatte vor dem Krieg alles getan, um die Serben zu provozieren, und Milošević provozierte zurück. Am Ende griffen die USA und ihre Verbündeten ein, wie die UČK es gewünscht hatte. Die UČK griff Polizeiposten an, ihre Kämpfer warfen Handgranaten auf serbische Einrichtungen. Wie erwartet, reagierte das serbische Militär brutal und menschenverachtend, gerade gegen die Zivilbevölkerung. Es traf auf beiden Seiten meistens die Falschen.

Die Bürgerkriegszustände zwangen viele Menschen zur Flucht. Auch die NATO-Angriffe haben Kosovoalbaner in Nachbarländer vertrieben. Und sie haben Serben provoziert, sich an Albanern zu rächen. Als der Krieg zu Ende war, konnten die Kosovoalbaner zurück in ihre Heimat. Und die serbische Minderheit wurde großteils vertrieben. Wäre man Zyniker wie Rudolf Scharping, so könnte man sagen, der Erfolg der NATO besteht darin, die eine Vertreibung beendet und die andere ermöglicht zu haben.

Auch andere Minderheiten wie Roma, Aschkali und Kosovoägypter sind aus ihrer Heimat vertrieben worden – unter den Augen der internationalen Kosovotruppen, zu der auch deutsche Soldaten gehören. Viele müssen fliehen, weil sie eine dunklere Hautfarbe haben als die Albaner. Die Gesellschaft für bedrohte Völker spricht von »Rassentrennung«, denen Minderheiten im Kosovo zum Opfer fallen.

Wo bleibt die Empörung?

»Nie wieder Auschwitz«, das sagte Außenminister Fischer zur Begründung der deutschen Beteiligung am Jugoslawienkrieg. Ich finde diese Instrumentalisierung von Auschwitz genauso unerträglich wie jede andere. Sie ist intellektuell dürftig und moralisch mehr als zweifelhaft. Wer so argumentiert wie Fischer, verharmlost die Verbrechen des NS-Regimes. Es würde doch genügen, Joschka Fischer würde sagen: »Nie wieder Rassismus«, und eingestehen, dass NATO und die KFOR die Vertreibung von Menschen aus rassistischen Gründen aus dem Kosovo erst ermöglicht haben. Sie haben es nicht gewollt, gewiss nicht. Aber jetzt, wo sie die Ergebnisse ihres Kriegs betrachten können, wäre es doch ein Zeichen von Souveränität, auch zu den Folgen zu stehen, die man nicht wollte, aber erreichte.

Und wenn es die Empörung über Menschenrechtsverletzungen war, die Fischer und Scharping an die Mikrofone und in den Krieg trieb, warum schweigen sie dann über die Massaker der Russen in Tschetschenien? Warum halten sie keine Verdammungsreden? Warum strapazieren sie hier nicht Auschwitz, auch wenn es genauso falsch wäre wie im Fall des Kosovokriegs?

In Tschetschenien ist die Lage verworren wie auf dem Balkan. Wirtschaftliche, ethnische und religiöse Konflikte überlagern sich und werden von fremden Mächten geschürt. Auch hier gibt es Lager, Massenvergewaltigungen, Erschießungen, Folterungen und Vertreibungen. Von mehreren hunderttausend Flüchtlingen ist die Rede und von Zehntausenden von Opfern. Trotzdem fährt Kanzler Schröder zum russischen Weihnachtsfest auf Familienbesuch zu Staatschef Wladimir Putin und plaudert freundlich mit dem Mann, der den Krieg in Tschetschenien mittlerweile dem Geheimdienst FSB übergeben hat.

Wo bleibt die Empörung?

Wenn es Fischer und Scharping um das Leid von Menschen geht, dann hätten sie wegen des Tschetschenienkriegs Grund genug zum Protest. Der Vergleich Kosovo – Tschetschenien macht klar, dass die Empörung weniger auf das Leid der Kosovoalbaner zurückgeht, sondern auf das Bedürfnis, sich zu rechtfertigen und Unterstützung für die eigene Position zu mobilisieren. Und vielleicht ja auch, um die eigenen Zweifel zu übertönen. Viele führende Vertreter der Grünen schweigen zur Bilanz des Kosovokriegs, jedenfalls offiziell. Sie schweigen meist auch zur Gewalt in Tschetschenien. Sie fordern ihren Außenminister auch nicht auf, klare Worte zu sagen zu Bush und zu Putin. Nicht weil Deutschland sich eine besondere Rolle anmaßen sollte, sondern weil es um Menschenrechte geht. Menschenrechte sind unteilbar. Sie gelten auch in Staaten, die Atomwaffen besitzen und für die deutsche Politik und Wirtschaft wichtiger sind als Jugoslawien.

Auf dem Bielefelder Parteitag im Mai 1999 hat Joschka Fischer den Delegierten erklärt, die deutsche Beteiligung am Krieg gegen Jugoslawien ohne UNO-Mandat sei ein einmaliger Akt. Es werde nicht mehr passieren. Ob Fischer damals geglaubt hat, was er sagte, weiß ich nicht.

Ich hätte nie gedacht, dass sich grüne Politiker eines Tages als Verfechter einer imperialistischen Politik der USA erweisen. Als Rudi die Grünen mitgründete, wurde über diese Möglichkeit nicht einmal diskutiert. Es war klar, dass die Großmachtpolitik der USA nur den herrschenden Kreisen in Amerika dient und niemandem sonst.

Der Kampf gegen den Vietnamkrieg prägte wie nichts anderes die APO und auch Rudis Denken. Die USA vor allem waren der Feind, und sie gaben einem einen Haufen Gründe, Feind zu sein. An der imperialistischen Politik Washingtons hat sich nichts geändert. Mit dem Amtsantritt von George W. Bush sind die Gefahren eher gewachsen, dass noch mehr Gewalt angewendet wird. Kurz nach der Amtsübernahme hat der neue Präsident Bomber gegen den Irak geschickt. Und der deutsche Außenminister hat erklärt, daran gebe es nichts zu kritisieren.

Eine neue Etappe begann in den sechziger Jahren mit den revolutionären Umwälzungen in Algerien, Kuba und dem ununterbrochenen Kampf der südvietnamesischen Befreiungsfront gegen die Diem-Diktatur. Erst der letztere erhielt weltgeschichtliche Bedeutung für die Oppositionsbewegung in der ganzen Welt. Die Aggression der Vereinigten Staaten von Nordamerika war unübersehbar. Sie geschah zu einem Zeitpunkt in brutal-offener Form, als die vielfältigsten Mechanismen der ›Einflussnahme‹ nicht mehr ausreichten, um den Sieg der revolutionären Befreiungskräfte in Südvietnam zu verhindern.

Genossen, Antiautoritäre, Menschen! Wir haben nicht mehr viel Zeit. In Vietnam werden auch wir tagtäglich zerschlagen, und das ist nicht ein Bild und ist keine Phrase. Wenn in Vietnam der US-Imperialismus überzeugend nachweisen kann, dass er fähig ist, den revolutionären Volkskrieg erfolgreich zu zerschlagen, so beginnt erneut eine lange Periode autoritärer Weltherrschaft von Washington bis Wladiwostok. Wir haben eine historisch offene Möglichkeit. Es hängt primär von unserem Willen ab, wie diese Periode der Geschichte enden wird. ›Wenn sich dem Vietcong nicht ein amerikanischer, europäischer und asiatischer Cong zugesellt, wird die vietnamesische Revolution ebenso scheitern wie andere zuvor. Ein hierarchischer Funktionärsstaat wird die Früchte ernten, die er nicht gesät hat.‹ (Partisan Nr. 1, ›Vietnam, die Dritte Welt und der Selbstbetrug der Linken‹, Berlin 1967.) Die wirkliche revolutionäre Solidarität mit der vietnamesischen Revolution besteht in der aktuellen Schwächung und der prozessualen Umwälzung der Zentren des Imperialismus. Unsere bisherige Ineffektivität und Resignation lag mit in der Theorie. Die Revolutionierung der Revolutionäre ist so die entscheidende Voraussetzung für die Revolutionierung der Massen.

Rudi, 1968

Ich finde es unerträglich, dass die Grünen sich der US-Politik mit wenig Widerstand unterwerfen. Natürlich kann ein Außenminister nicht nur Anklagereden halten. Aber er muss nicht allem zustimmen, was in Washington aus durch und durch nationalen Gründen beschlossen wird. Der irakische Diktator Saddam Hussein ist zuerst ein innenpolitisches Problem der USA. Und die Aktionen gegen ihn sind meistens ebenfalls innenpolitisch motiviert. Nun mag man einwenden, Saddam sei ein blutrünstiger Diktator, der es nicht anders verdiene. Aber wie viele blutrünstige Diktatoren haben die USA in den letzten Jahrzehnten eingesetzt und unterstützt? Und zahlt nicht vor allem das irakische Volk für die Machtdemonstration des Weltpolizisten USA? Was können die irakischen Kinder für die Verbrechen Saddams? Saddam hat immer Mittel und Wege gefunden, sein Luxusleben fortzuführen, während die Bevölkerung das Embargo gegen den Irak ertragen muss.

Von dieser Politik der Machtdemonstrationen und des Kriegs müssten sich die Grünen laut und deutlich distanzieren. Man schützt die Menschenrechte nicht durch Schweigen.

Star Wars II

Der sozialdemokratische Abrüstungsexperte Egon Bahr hat im Mai 2000 im Goethe-Institut in Helsinki einen bemerkenswerten Vortrag gehalten. Ich bitte den Leser um Verständnis für das folgende lange Zitat, aber es ist aufschlussreich. Bahr beschäftigt sich in seiner Rede mit der Frage, wie die USA Europa sehen. Er zeigt auch den Zusammenhang zwischen dem Projekt einer nationalen Raketenabwehr (National Missile Defense, NMD) und dem Jugoslawienkrieg:

»Amerika folgt also ohne Rücksicht auf Europa und andere Länder seinen Interessen. Europa hat insgesamt gegrummelt [wegen NMD] – die Russen und die Chinesen haben sich klar dagegen geäußert; die Europäer wagen das nicht so ganz, aber doch schon fast, indem sie sagen, das kann nicht unser Interesse sein, das ist gefährlich, und die Amerikaner werden es trotzdem tun. Ich habe keinen Zweifel.

Am klarsten hat die dahinter stehende Überzeugung Zbig Brzezinski, der frühere Sicherheitsberater des Präsidenten Carter, ausgedrückt, indem er Amerika als die erste und einzige Supermacht auf der Welt im wahren Sinne des Wortes bezeichnet hat. Weder China noch das Römische Reich, noch Großbritannien waren in dem Sinne eine Supermacht. Amerika kann an jedem Punkt des Globus eine ausreichende militärische Macht konzentrieren, um seine Interessen durchzusetzen – und zwar mindestens zweieinhalbmal gleichzeitig. Wir, die Amerikaner, gucken auf diesen eurasischen Kontinent, wo sich alle entscheidenden Ereignisse der letzten zweitausend Jahre abgespielt haben – und der nächsten tausend Jahre sicher auch –, und müssen diesen Kontinent kontrollieren. Das tun wir, indem wir im Osten zwischen Japan und China eine vorsichtige Politik machen, im Süden mit Indien und Pakistan, den Mittleren Osten mit seiner amerikanischen Präsenz zur Sicherung der Öl- und Erdgasversorgung brauche ich nicht weiter zu beschreiben, im Nahen Osten darf der Sprengsatz zwischen den arabischen Ländern und Israel nicht hochgehen. Und was den Westteil Europas angeht – so Brzezinski –, betrachten wir ihn als Protektorat. Das Wort vom Protektorat ist keine Beleidigung, es ist eine Beschreibung der Realität; und dieses Protektorat werden wir mit dem Instrument der NATO kontrollieren.

Wie genau diese Beschreibung der Wirklichkeit entspricht, haben wir im Krieg gegen Jugoslawien erlebt. Es ist völlig klar, dass das ein amerikanischer Krieg war, dessen Ziele in Washington bestimmt wurden. Clinton hat sich im Einzelnen vorbehalten, ja oder nein zu sagen für den Fall, dass die Angriffe auf die Ziele zu große ›Kollateralschäden‹ anrichten würden, eines der Wörter, die in Deutschland zum ›Unwort des Jahres‹ erklärt wurden, weil es sehr angenehm und unblutig verhüllt, dass es sich um zivile Schäden handelt, noch deutlicher darum, dass Zivilisten umgebracht werden. Das Ganze wurde der NATO zugeschoben. Solana durfte verkünden, was Amerika bestimmt hatte. Die Amerikaner flogen fast neunzig Prozent der Angriffe unter dem Mantel der NATO. Und es war insofern ein fantastischer Krieg, als er, aus der Luft geführt, dem Feind Schäden zugefügt hat, ohne dass Treffer beim Angreifer oder gar Verluste an eigenen Leuten zu beklagen waren. Gleichzeitig wurde ein zweiter Krieg geführt, nämlich von Milošević im Kosovo, auf der Erde, wo die NATO nicht zuschlug, um die Leute im Kosovo nicht zu treffen. Die NATO konnte also ihre Ziele erreichen, und Milošević erreichte die seinen – die jugoslawische Armee konnte nach Kriegsende fast unversehrt aus dem Kosovo abziehen.«

Wir gehören also zum Protektorat Westeuropa, und unsere Aufgabe besteht darin, nun auch den Aufbau von Star Wars II zu unterstützen. Exakt so verhält sich die Bundesregierung. Es ist auch aus der grünen Partei wenig Kritik laut geworden an dem Versuch der USA, wieder an der Rüstungsschraube zu drehen. NMD aber nutzt wie sein Vorgänger SDI (Strategic Defense Initiative) von 1983 erst einmal nur dem Militär-Industrie-Komplex. Es gibt eine Menge zu verdienen mit den »new toys for the boys«. Ob die Spielzeuge funktionieren, ist eine zweite Frage. Wenn sie funktionieren, werden sich die anderen Atommächte etwas einfallen lassen, um den Vorteil der USA zunichte zu machen.

Bundeskanzler Schröder erklärte, Deutschland wolle beteiligt werden an NMD. Die CSU haut in die gleiche Kerbe, die CDU findet NMD toll. Scharping weiß nicht so recht, was er sagen soll. Also sagt er, es sei ja noch viel Zeit, bis das Raketenabwehrsystem arbeite. Und die Grünen? Was sagen die Grünen? Nichts. In ihrer Außenpolitik sind die Grünen dermaßen stark fixiert auf die

Worte und Wünsche Joschka Fischers, dass sie keinen Mucks von sich geben, wenn der Außenminister nichts sagt. Die Selbstentmündigung der Partei ist fast schon abgeschlossen.

Sozialismus und Demokratie

Rudi hatte sich immer eingesetzt für die Zusammenarbeit mit linken Sozialdemokraten, vor allem mit den Jusos. Die SPD ist inzwischen nach rechts gerückt und die Jusos mit ihr. Von der Linken in der SPD hört und liest man heute so gut wie nichts. Da gibt es ein paar Leute, ein paar Kreise, und das war's. Seit der sich Sozialismus nennende Staatskapitalismus der Sowjetunion und der DDR besiegt ist, scheint jeder Sozialismus besiegt. Als wäre das Ende des Stalinismus nicht ein Gewinn für die demokratische Linke.

Im Frühjahr 1998 haben die Sozialdemokraten sich entschieden, Schröder zum Spitzenkandidaten zu machen. Sie versprachen sich davon bessere Chancen bei den Bundestagswahlen im September dieses Jahres. Sie haben es bezahlt mit einem weiteren Ruck nach rechts. Die Schröder-SPD setzt auf die Bereicherung der Reichen in der Hoffnung, es fielen ein paar Arbeitsplätze dabei ab. Die Umverteilung von unten nach oben hat sich beschleunigt, seit Rot-Grün an der Regierung ist. Die Sozialdemokraten definieren »soziale Gerechtigkeit« so beliebig, dass man glauben könnte, es wäre ihnen inzwischen egal, was das ist. Der Finanzminister sagt, soziale Gerechtigkeit sei der Abbau der Staatsverschuldung (zu Lasten der sozial Schwachen). Der Staatsminister im Bundeskanzleramt Bury sagt, der Abbau der Arbeitslosigkeit sei soziale Gerechtigkeit. Ob er darüber nachgedacht hat, dass es in der DDR und im NS-Regime (spätestens mit Kriegsbeginn) keine Arbeitslosen gab? Soziale Gerechtigkeit aber heißt erst einmal nichts anderes als Ausgleich zwischen den Klassen einer Gesellschaft – zugunsten der Benachteiligten, versteht sich.

Es gibt in der SPD immer wieder Stimmen, die das soziale Defizit beklagen. Es gab auch Stimmen gegen den Jugoslawienkrieg. Aber ich habe den Eindruck, dass diese Stimmen leise geworden sind. Nur noch wenige widerstehen der Versuchung, dem angeblich so erfolgreichen Schröder-Kurs zu widersprechen. Was die führenden Sozialdemokraten heute anstreben, unterscheidet sich kaum noch von Positionen der Union. Auch wenn die Polemik der parlamentarischen Debatte manchmal den Eindruck erweckt, es lägen tiefe Gräben zwischen den beiden Lagern.

Die PDS – eine sozialistische Partei?

Rudi hat die SED immer für eine stalinistische Partei gehalten, nicht für eine sozialistische. Ihre Praktiken hatte er selbst erlebt, als er in Luckenwalde wohnte. Es war ein Klima der Unterdrückung, der Spitzelei und der Lüge. »In der DDR ist alles real, nur nicht der Sozialismus«, hat Rudi geschrieben.

(...) als ich 1967 die Parole vom ›langen Marsch durch die Institutionen‹ ausgab, gingen wir von einem gesellschaftlichen Prozess der Demokratisierung aus. Die Gegenwart aber ist geladen mit einer begonnenen, noch nicht entschiedenen zweiten Restaurationsperiode. Sozialisten und Kommunisten verschiedener Richtungen geraten in den Sog des Berufsverbots und anderer Repressionen. Solch ein Zustand ist Dir und anderen in der DDR nicht unbekannt. Der phrasenhafte Charakter von ›Demokratie‹ in der Bundesrepublik macht die elementare Wichtigkeit des Standpunkts von Rosa Luxemburg erst deutlich: ohne Demokratie kein Sozialismus, ohne Sozialismus keine Demokratie. So wenig, wie Freiheit von Gleichheit zu trennen ist. (...) Die Staatsmaschine in der DDR – strukturell wie die der Sowjetunion – hat seit langem richtig erkannt: Nichts ist problematischer als eine sozialistische Kritik an den bestehenden Verhältnissen, eine Kritik, die die unerfüllten Träume und Möglichkeiten der sozialistischen Befreiung ernst nimmt.

Rudi, Offener Brief an Wolf Biermann, 28. April 1976

Natürlich, die PDS ist nicht die SED. Das behaupten manche Konservative, die eine Auseinandersetzung mit der PDS fürchten und denen der Sozialismus, gleich welcher Art, ohnehin ein Gräuel ist. Für die Linke aber ist die PDS eine Herausforderung. Seit ihrer Gründung im Dezember 1989, noch in der DDR und unter dem Namen SED/PDS, hat sie sich in der Praxis als eine Partei gezeigt, die die Interessen der gestürzten DDR-Eliten wahrnimmt. Die PDS ist insofern die erste sozialistische Partei, die jenen verpflichtet ist, die durch eine Revolution gestürzt wurden. Das ist ein Anachronismus.

Die PDS hat sich in ihrer kurzen Geschichte zu oft auf die Seite der Leute gestellt, die für die Diktatur der SED mitverantwortlich sind. Als Mitglieder des Politbüros vor Gericht standen, hat der PDS-Parteivorstand erklärt, damit stehe jeder ehemalige Bürger der DDR vor Gericht. Als hätte es tatsächlich eine »sozialistische Volksgemeinschaft« gegeben. Als hätte das Politbüro, angeführt von Erich Honecker, nicht willkürlich über »unsere Menschen« (SED-Jargon) geherrscht, im Zweifelsfall mit Hilfe der Staatssicherheit. Als hätte das Politbüro sich nicht Privilegien herausgenommen, von denen der DDR-Normalbürger nicht einmal träumen durfte. Die DDR ist nicht gleichzusetzen mit Nazi-deutschland, aber eine Diktatur war sie. Für die meisten Menschen war ihr Untergang eine Befreiung. Außer für die Klientel, der sich die PDS verpflichtet fühlt.

Man verstehe mich nicht falsch: In der PDS gibt es Leute und Positionen, die mir sympathisch sind. Die PDS war gegen den Jugoslawienkrieg, sie ist gegen Sozial-abbau und gegen die Schlechterstellung von Bürgern in Ostdeutschland. Sie versucht demokratisch-sozialisti-sche Positionen zu finden. Sie bemüht sich um eine Kri-tik am Stalinismus und an der eigenen Vergangenheit. Aber alles an ihr ist halbherzig. Die meisten ihrer führen-den Kader waren früher Funktionäre der SED, etliche haben als »Inoffizielle Mitarbeiter« (IM) Spitzeldienste für die Stasi geleistet. Die PDS hat es bis heute nicht geschafft, sich eindeutig vom Erbe der DDR zu lösen. Noch immer spricht sie von einem »sozialistischen Ver-such«, wo es allein darum ging, eine Diktatur Stalin'-scher Prägung zu errichten. Sie beruft sich auf die betro-genen Illusionen derjenigen, die daran mitwirkten im Glauben, es gebe angesichts der Schrecken des NS-Systems keine Alternative zum Sozialismus. Aber wo Sozialismus draufstand, war Stalinismus drin, erst in der rabiaten Variante, dann in einer moderaten. Aber Unter-drückung war es allemal. Und das von Anfang an.

Die PDS spielt in einer bestimmten Hinsicht eine fatale Rolle: Sie bindet einen großen Teil der Linken, die besser in Initiativen vor Ort arbeiten würden, als den falschen Traum von der sozialistischen Partei PDS zu träumen. Da-mit setzt sich ein alter Fehler der deutschen Linken fort. Ein Teil von ihr hoffte immer auf eine sozialistische Par-tei, die weder sozialdemokratisch noch kommunistisch sein sollte. Nicht sozialdemokratisch, weil die SPD sich zu stark eingelassen hatte auf die bürgerliche Gesellschaft. Nicht kommunistisch, weil die KPD in dem Maß autoritär wurde, wie sie unter Stalins Diktat geriet. Sozialistisch und demokratisch, unversöhnlich gegenüber dem Kapital, das wünschten sich viele Linke. Da gab es die Unabhängige Sozialdemokratische Partei Deutschlands (USPD, 1917–1922), die entstand im Protest gegen die Mehrheitssozialdemokratie, die im Ersten Weltkrieg den Kaiser unterstützte. Die USPD war nach der deutschen Revolution 1918/19 kurze Zeit fast genauso stark wie die SPD. Sie erwies sich aber als Zufallsprodukt des Kriegs, ihre linke Mehrheit verschmolz 1920 mit der KPD, die erst dadurch zur Massenpartei wurde. Die Rest-USPD ging zwei Jahre später auf in der SPD. Die letzte wichtige Abspaltung der Weimarer Zeit war die Sozialistische Arbeiterpartei (SAP, 1931–33), der auch Willy Brandt angehörte. Die SAP protestierte, weil die SPD-Führung den Nazis nur halbherzig Widerstand leistete und ein Bündnis mit der KPD gegen die Hitlerpartei ablehnte. Auch die SAP war ein Produkt einer bestimmten geschichtlichen Lage und verschwand, als die Lage sich geändert hatte.

Nach dem Krieg gab es keine wesentlichen Abspaltungen mehr, sieht man vielleicht ab von den Demokratischen Sozialisten (DS) zweier ehemaliger Bundestagsabgeordneter der SPD, aber die DS wurden nie mehr als eine Sekte.

Heute also die PDS. Sie ist keine Abspaltung, sondern Nachfolgepartei der SED. Da sie sich nicht restlos vom Stalinismus getrennt hat, ist sie für eine sozialistische Linke eher eine Belastung als eine Bereicherung. Nach den Erfahrungen der Menschen in Osteuropa mit dem Sowjetmodell muss eine sozialistische Linke zweifelsfrei demokratisch sein. Es gibt keinen Sozialismus ohne Demokratie, ohne Freiheit des Andersdenkenden, sei es als Bewegung, sei es als Ziel.

Ein grundlegender Fehler der Kommunisten war (oder ist), dass sie glauben, der Zweck (der Kommunismus) rechtfertige alle Mittel, auch Gewalt und Unterdrückung. Ja, er mache solche Mittel sogar erforderlich, weil ohne sie das Ziel nicht erreicht werden könne. Es gibt aber keine schlechten Mittel, bei denen ein guter Zweck herausspringt. Wer die Demokratie beseitigt, führt sie nicht wieder ein.

In dieser Hinsicht ist der Stalin'sche Terror das Eingeständnis der sowjetischen Kommunisten, dass die Massen keineswegs begeistert den Sozialismus aufbauen wollten, wie die Propaganda es behauptete. Das gilt vor allem für die Bauern. Denen hat Lenin erst Land gegeben, und Stalin hat es ihnen unter der Losung »Kollektivierung der Landwirtschaft« wieder genommen. Ohne Gewalt wäre es nicht möglich gewesen. Mochte es unter der zahlenmäßig kleinen Arbeiterschaft in den wenigen industriellen Zentren Russlands einige Unterstützung für die Bolschewiki gegeben haben, in der Bauernschaft war sie gering und nach der Kollektivierung noch geringer. Die Bauern verweigerten die staatlich festgelegten Ablieferungen, und es kam praktisch zum Krieg zwischen Staat und Bauern. In der landwirtschaftlich reichen Ukraine, der »Kornkammer der Sowjetunion«, verhungerten Millionen, weil der Staat Getreide exportierte, um Industriewaren einzukaufen für die industrielle und militärische Aufrüstung. Der sowjetische Sozialismus war keine Diktatur des Proletariats, sondern die persönliche Diktatur Stalins und seiner Partei über die Gesellschaft. Um seine persönliche Macht zu festigen, ließ Stalin einen Großteil der Führung der Kommunistischen Partei in Schauprozessen anklagen und ermorden. Die Säuberungen ergriffen schließlich die gesamte KPdSU, bis in die unteren Gliederungen.

Gleiches geschah mit den Gewerkschaften, den Wissenschaftlern, den Industrieführern, der Roten Armee und sogar dem Geheimdienst NKWD, dem Terrorinstrument selbst. Vor allem die dreißiger Jahre waren die Zeit des Terrors, in der Menschen angezogen ins Bett gingen, weil sie damit rechneten, dass mitten in der Nacht die Jäger des NKWD anklopften.

Über diese Zeit schrieb Sahra Wagenknecht, Mitglied des PDS-Bundesvorstands, vor einigen Jahren:

»Stalins Politik – in ihrer Ausrichtung, ihren Zielen und wohl auch in ihrer Herangehensweise – [kann] als prinzipientreue Fortführung der Lenin'schen gelten. (...) Und was immer man – berechtigt oder unberechtigt – gegen die Stalin-Zeit vorbringen kann, ihre Ergebnisse waren jedenfalls nicht Niedergang und Verwesung, sondern die Entwicklung eines um Jahrhunderte zurückgebliebenen Landes in eine moderne Großmacht während eines weltgeschichtlich einzigartigen Zeitraums (...).

(...) Dagegen entstellt keines von jenen Krisensymptomen, an denen der Sozialismus in seiner Endphase krankte, bereits in den zwanziger bis fünfziger Jahren das Bild der sowjetischen Gesellschaft. Wir finden keine wirtschaftliche Stagnation (...), keine Vernachlässigung der Wissenschaften und der Kultur.«

In dieser Zeit wurden unzählige Industrie- und Gewerkschaftsführer, Wissenschaftler und Kulturschaffende in Lager gesperrt und ermordet. Millionen von Bauern verhungerten, bewacht von wohlgenährten Milizionären des NKWD. Aber es war kein Niedergang und keine Verwesung! Ich weiß, dass dies nicht die offizielle Position der PDS ist. Sie hat sich verschiedentlich kritisch auseinander gesetzt mit dem Stalinismus. Aber Wagenknecht ist Mitglied des Bundesvorstands, das heißt, sie findet auf Parteitagen genug Leute, die sie unterstützen.

Zu Niedergang und Verwesung zählt Wagenknecht auch die Entspannungspolitik, die Ende der sechziger Jahre begonnen hat. Sie interpretiert die sowjetische Politik als Ergebnis der nuklearen Erpressung durch den Westen. Das ist offenkundig falsch und dumm, denn die Sowjetunion hatte in den sechziger Jahren genug Atomwaffen, um die gesamte Weltzivilisation auszurotten. Entspannungspolitik ist für sie der Versuch des Westens, den realen Sozialismus zu zerstören. Einen Höhepunkt sieht sie im Prager Frühling. Wie Sowjetführer Leonid Breschnew 1968 verurteilt Wagenknecht den Prager Frühling als Konterrevolution. Dabei war er eine Chance, den Staatskapitalismus zu reformieren. Die tschechoslowakischen Reformer unter Alexander Dubček hatten die Bevölkerung hinter sich. Rudi war in dieser Zeit in Prag, er war begeistert vom Versuch der Kommunisten, Sozialismus und Demokratie miteinander zu verbinden. Es endete mit dem Einmarsch der Truppen des Warschauer Pakts, Moskau setzte seine Lakaien als neue Parteiführung in Prag ein. Sahra Wagenknecht vom PDS-Bundesvorstand freut sich heute noch darüber.

In der ČSSR zeigt sich lehrstückhaft der tief antikapitalistische, tief sozialistische Inhalt der Interessen und Bedürfnisse der Massen. Die so genannte ›technokratisch-aliberale‹ Seite dieser ›Reform-Bewegung‹ scheint uns sekundär zu sein im Vergleich zu den erstmals wieder frei werdenden Möglichkeiten der Arbeiterklasse, der Studenten und Intellektuellen, sich aktiv und aufrecht, nicht gekrümmt an die Sache, an unsere Sache des Sozialismus und Kommunismus zu machen.

Breschnew und die Warschauer-Pakt-Führer wussten und wissen, dass die Bourgeoisie keinen sozialen und ideologischen Boden in der ČSSR hatte. Die Gefahr, das ›Gespenst‹, ist die ›konkrete Utopie‹ des realen auf Egalität basierenden Sozialismus (...). Ohne sozialistische Demokratisierung, das heißt: lebenswertes, gelebtes Leben und nicht aufgezwungene Gleichgültigkeit dem Leben und der Gesellschaft gegenüber, wird der Staatssozialismus von Krise zu Krise gehen, von Land zu Land, bis in die Sowjetunion. Auch eine sozialdemokratische ›Lebensqualität‹, welche die kapitalistische Basis der Waren-Verhältnisse als Grundlage betrachtet, hat keine Zukunft.
Rudi, 1973

Die PDS ist keine sozialistische Partei, sondern eine ostdeutsche Regionalpartei, deren Wähler zum großen Teil die Angehörigen der entmachteten DDR-Elite sind. Das schafft kein Vertrauen. Eine sozialistische Bewegung oder Partei ist heute nicht mehr denkbar ohne zweifelsfreie Abgrenzung vom Sowjetmodell. Jeder Versuch, das SED-Regime zu verharmlosen, indem man etwa dessen »gute Seiten« aufzählt, endet im moralischen Sumpf. Ohne die beiden Regime gleichzusetzen: Auch der Nationalsozialismus hatte »gute Seiten«. Wird er dadurch besser?

Was ist Sozialismus?

Der Sozialismus entstand mit der Industrialisierung, er ist ein Produkt des Kapitalismus. Der Kapitalismus des 19. Jahrhunderts verwandelte Bauern und andere Kleineigentümer in Proletarier, zwang sie in die wachsenden Fabriken, wo sie unter unerträglichen Bedingungen und für einen Hungerlohn arbeiten mussten für die Fabrikherren. Diese wurden reich, weil sie sich die Mehrarbeit (Marx) der Proletarier aneigneten. Die Arbeiter hatten kaum Rechte, Streiks wurden unterdrückt. Gegen diese Ungerechtigkeit protestierten die Vertreter des Frühsozialismus wie Babeuf, Proudhon, Owen, Fourier oder Saint-Simon. Sie hatten unterschiedliche Ideen. Die einen setzten auf Genossenschaften, die anderen verlangten für die Arbeiter den vollen Ertrag ihrer Arbeit. Andere lehnten jede Staatsform ab, wie etwa Proudhon, wieder andere forderten Produktivgenossenschaften mit Staatshilfe, wie der von Marx und Engels kritisierte Ferdinand Lassalle, einer der Gründer der deutschen Sozialdemokratie.

Bei allen Unterschieden, der Sozialismus ist seit seiner Begründung ein Gegenmodell zum Kapitalismus. Jede Form des Sozialismus fordert Gleichheit und soziale Gerechtigkeit, also eine Gesellschaft, die diesen Maximen entspricht. Der Sozialismus als Bewegung will den Kapitalismus im Sinn dieser Ziele überwinden. Es sollte viel später den deutschen Sozialdemokraten vorbehalten bleiben, ihren demokratischen Sozialismus kompatibel zu machen mit dem Profitstreben multinationaler Konzerne.

Karl Marx und Friedrich Engels veröffentlichten 1847 das »Manifest der Kommunistischen Partei« mit der weltberühmten Losung »Proletarier aller Länder, vereinigt euch!« Mit dem Manifest verwandelte sich der Sozialismus in den Augen seiner Autoren von einer Utopie in eine Wissenschaft. Der »wissenschaftliche Sozialismus« war geboren. Das »Manifest« argumentiert etwa wie folgt: Die Geschichte aller bisherigen Gesellschaften ist die Geschichte von Klassenkämpfen. In der bürgerlichen Gesellschaft verschärfen sich die Klassengegensätze zwischen Bourgeoisie und dem von ihr hervorgebrachten

Proletariat immer weiter. Die Arbeiterklasse wächst an Zahl und Stärke und wird schließlich den Kapitalisten durch Eingriffe in das Eigentumsrecht und die Produktionsverhältnisse Kapital und Macht entreißen. Ist die Kapitalistenklasse entmachtet und enteignet, verschwinden die Klassenunterschiede und die Klassen als solche.

Das »Manifest« mit dem berühmten Einleitungssatz – »Ein Gespenst geht um in Europa, das Gespenst des Kommunismus« – hat erst Jahrzehnte später die Bedeutung erlangt, die es nach seinen Autoren schon in der bürgerlichen Revolution von 1848 entfalten sollte. Diese Revolution für bürgerliche Rechte scheiterte kläglich an der Inkonsequenz des deutschen Bürgertums. Es fürchtete die heranwachsende Arbeiterbewegung mehr, als es die politische Freiheit liebte. Heraus kam ein elender Kompromiss, wie er sich im Bismarck'schen Obrigkeitsstaat zeigte. Und die Arbeiterbewegung, die vor allem von der SPD vertreten wurde, wurde stark auch deshalb, weil sie Freiheiten forderte, auf die das Bürgertum verzichtet hatte, vor allem das allgemeine Wahlrecht.

Marx und Engels haben sich selten über das Ziel der sozialistischen Bewegung geäußert. Eine Ausnahme sind Marx' Äußerungen über die Pariser Kommune. Die Kommune war das Produkt eines Aufstands der Pariser gegen die konservative Regierung nach der Niederlage Frankreichs im Krieg gegen Deutschland 1871. Die Kommune ging aus direkten Wahlen hervor, beschloss die Trennung von Staat und Kirche, die Gleichberechtigung der Frau und erließ Bestimmungen zum Schutz der Arbeiter. In der Regierung der Kommune waren Vertreter verschiedener sozialistischer Strömungen vertreten. Nachdem die Nationalregierung die Kommune unter dem Schutz deutscher Truppen in einem Blutrausch niedergeschlagen hatte, würdigte Marx sie in seiner bekannten Schrift »Der Bürgerkrieg in Frankreich«.

Die Kommune bildete sich aus den durch allgemeines Stimmrecht in den verschiedenen Bezirken von Paris gewählten Stadträten. Sie waren verantwortlich und jederzeit absetzbar. Ihre Mehrzahl bestand selbstredend aus Arbeitern oder anerkannten Vertretern der Arbeiterklasse. Die Kommune sollte nicht eine parlamentarische, sondern eine arbeitende Körperschaft sein, vollziehend und gesetzgebend zu gleicher Zeit. Die Polizei, bisher das Werkzeug der Staatsregierung, wurde sofort aller ihrer politischen Eigenschaften entkleidet und in das verantwortliche und jederzeit absetzbare Werkzeug der Kommune verwandelt. Ebenso die Beamten aller andern Verwaltungszweige. Von den Mitgliedern der Kommune an abwärts musste der öffentliche Dienst für Arbeiterlohn besorgt werden. Die erworbnen Anrechte und die Repräsentationsgelder der hohen Staatswürdenträger verschwanden mit diesen Würdenträgern selbst. Die öffentlichen Ämter hörten auf, das Privateigentum der Handlanger der Zentralregierung zu sein. Nicht nur die städtische Verwaltung, sondern auch die ganze, bisher durch den Staat ausgeübte Initiative wurde in die Hände der Kommune gelegt.
Das stehende Heer und die Polizei, die Werkzeuge der materiellen Macht der alten Regierung, einmal beseitigt, ging die Kommune sofort darauf aus, das geistliche Unterdrückungswerkzeug, die Pfaffenmacht, zu brechen; sie dekretierte die Auflösung und Enteignung aller Kirchen, soweit sie besitzende Körperschaften waren. Die Pfaffen wurden in die Stille des Privatlebens zurückgesandt, um dort, nach dem Bilde ihrer Vorgänger, der Apostel, sich von dem Almosen der Gläubigen zu nähren. Sämtliche Unterrichtsanstalten wurden dem Volk unentgeltlich geöffnet und gleichzeitig von aller Einmischung

des Staats und der Kirche gereinigt. Damit war nicht nur die Schulbildung für jedermann zugänglich gemacht, sondern auch die Wissenschaft selbst von den ihr durch das Klassenvorurteil und die Regierungsgewalt auferlegten Fesseln befreit. Die richterlichen Beamten verloren jene scheinbare Unabhängigkeit, die nur dazu gedient hatte, ihre Unterwürfigkeit unter alle aufeinanderfolgenden Regierungen zu verdecken, deren jeder sie, der Reihe nach, den Eid der Treue geschworen und gebrochen hatten. Wie alle übrigen öffentlichen Diener sollten sie fernerhin gewählt, verantwortlich und absetzbar sein.
Karl Marx, Der Bürgerkrieg in Frankreich, 1871

Wir wissen nicht, wie die Kommune sich weiter entwickelt hätte. Wäre sie demokratisch geblieben? Die direkte Demokratie der Werktätigen, die Marx »Diktatur des Proletariats« nannte, ist jedenfalls ihr hervorstechendes Merkmal. Lenin dagegen zog keine demokratischen Schlüsse aus Marx' Analyse. Er folgerte, dass die Revolutionäre den bürgerlichen Staatsapparat nicht übernehmen könnten, sondern zerschlagen müssten. In der Theorie ist bei ihm die Diktatur des Proletariats demokratischer als die bürgerliche Demokratie. In der Praxis haben er und die bolschewistische Partei diesen Anspruch nicht einmal annähernd eingelöst.

Stalins Diktatur

Die von Rudi so verehrte Rosa Luxemburg kritisierte den Mangel an Demokratie in Sowjetrussland schon, bevor irgendjemand außerhalb Russlands wusste, dass es so jemanden wie Stalin überhaupt gab. 1918, im Gefängnis, erkannte Rosa Luxemburg, dass dem Machtanspruch der Bolschewiki jegliche Demokratie zum Opfer fallen musste. Sogar die Demokratie innerhalb der Kommunistischen Partei Russlands. Nicht umsonst hasste Stalin den »Luxemburgismus« wie die Pest.

Die Oktoberrevolution war ein weitgehend unblutiger Akt, aber der darauf folgende Bürgerkrieg brachte mit dem weißen und dem roten Terror unvorstellbares Leid für die Menschen. Gnadenlos mordeten Revolutionäre und Konterrevolutionäre, wen immer sie für Feinde oder Verräter hielten.

»Sowjet« heißt »Rat«, Sowjetrussland war offiziell eine Räterepublik. Es gab Arbeiter-, Soldaten- und Bauernräte in Dörfern, Städten, Bezirken und auf Republikebene. Insoweit folgten die Bolschewiki dem Beispiel der Kommune, sie praktizierten eine direkte Demokratie. In Wahrheit aber gab es bald nur noch eine Diktatur der Partei. Und als Fraktionen in der Partei verboten wurden, gab es eine Diktatur des Politbüros und bald nur noch Stalins. Aus dem basisdemokratischen Ansatz der Kommune war die Alleinherrschaft eines selbst ernannten Diktators geworden. So, wie Rosa Luxemburg es im Grundsatz schon 1918 vorausgesagt hatte.

Ohne allgemeine Wahlen, ungehemmte Presse- und Versammlungsfreiheit, freien Meinungskampf erstirbt das Leben in jeder öffentlichen Institution, wird zum Scheinleben, in der die Bürokratie allein das tätige Element bleibt. Das öffentliche Leben schläft allmählich ein, einige Dutzend Parteiführer von unerschöpflicher Energie und grenzenlosem Idealismus dirigieren und regieren, unter ihnen leitet in Wirklichkeit ein Dutzend hervorragender Köpfe, und eine Elite der Arbeiterschaft wird von Zeit zu Zeit zu Versammlungen aufgeboten, um den Reden der Führer Beifall zu klatschen, vorgelegten Resolutionen einstimmig zuzustimmen, im Grunde also eine Cliquenwirtschaft – eine Diktatur allerdings, aber nicht die Diktatur des Proletariats, sondern die Diktatur einer Handvoll Politiker, d.h. Diktatur im rein bürgerlichen Sinne, im Sinne der Jakobinerherrschaft (...).

(...) Wir sind nie Götzendiener der formalen Demokratie gewesen, das heißt nur: Wir unterschieden stets den sozialen Kern von der politischen Form der bürgerlichen Demokratie, wir enthüllten stets den herben Kern der sozialen Ungleichheit und Unfreiheit unter der süßen Schale der formalen Gleichheit und Freiheit – nicht um diese zu verwerfen, sondern um die Arbeiterklasse dazu anzustacheln, sich nicht mit der Schale zu begnügen, vielmehr die politische Macht zu erobern, sie mit neuem sozialem Inhalt zu füllen. Es ist die historische Aufgabe des Proletariats, wenn es zur Macht gelangt, anstelle der bürgerlichen Demokratie sozialistische Demokratie zu schaffen, nicht jegliche Demokratie abzuschaffen. Sozialistische Demokratie beginnt aber nicht erst im gelobten Lande, wenn der Unterbau der sozialistischen Wirtschaft geschaffen ist, als fertiges Weihnachtsgeschenk für das brave Volk, das inzwischen treu die Handvoll sozialistischer Diktatoren unterstützt hat. Sozialistische Demokratie beginnt zugleich mit dem Abbau der Klassenherrschaft und dem Aufbau des Sozialismus. Sie beginnt mit dem Moment der Machteroberung durch die sozialistische Partei.

Rosa Luxemburg, Zur Russischen Revolution, 1918

Stalin herrschte nicht nur über die Sowjetunion, sondern auch über die kommunistischen Parteien in aller Welt. Die Kommunistische Internationale wurde zur Agentur Stalins und diente ausschließlich sowjetischen Interessen. 1939 unterstützte die Internationale den Hitler-Stalin-Pakt, der es Deutschland ermöglichte, Polen zu überfallen und so den Zweiten Weltkrieg zu entfesseln. Bis zum Überfall Deutschlands auf die Sowjetunion

(1941) unterstützte die Komintern eher die deutsche Position und erklärte, es handele sich um einen imperialistischen Krieg, in dem England und Frankreich die Hauptaggressoren seien. Erst mit Kriegseintritt der Sowjetunion war wieder die Rede vom Antifaschismus. Plötzlich waren England und die USA Verbündete im Kampf gegen die faschistische Aggression.

Der Sozialismus war längst unter die Räder gekommen. Die Sowjetunion trat auf als Weltmacht, die andere Länder besetzte und ihnen ihr System aufzwang. Antifaschisten, die für Demokratie eintraten, wurden verfolgt, in Lager gesperrt und ermordet. Verfolgte des Naziregimes wurden in KZs der Nazis gesperrt, diesmal unter sowjetischer Aufsicht. Außer in Österreich wurden in allen von der Sowjetunion befreiten Ländern neue Diktaturen errichtet. Gestützt auf die Rote Armee, ergriffen Kommunisten die Macht. Sozialdemokraten und Sozialisten gingen bald auf in Einheitsparteien mit den Kommunisten, oder sie wurden eingesperrt und ermordet. Schon wenige Jahre nach dem Zweiten Weltkrieg war die Sowjetunion von Volksdemokratien umgeben, dem »sozialistischen Lager«, das für sich beanspruchte, »Friedensbollwerk« gegen die Aggression des US-Imperialismus zu sein.

Aufstände in der DDR, Ungarn und Polen walzte Moskau nieder. Es folgten furchtbare Strafgerichte für die, die mehr Demokratie gefordert hatten. In den kommunistischen Parteien wurden Abweichler gesucht, gefunden und in Schauprozessen abgeurteilt. Viele wurden hingerichtet.

Da bei jeder Diskussion mit dem Arbeiter in der Kneipe, mit dem Christen in der Gemeinde, mit dem Studenten im Seminar

der sozialistische Gedanke – wir verstehen hier darunter die Mündigmachung des Menschen und die Aufhebung der Ausbeutung des Menschen durch den Menschen – mit der stalinistischen Ausprägung des Bolschewismus konfrontiert bzw. gleichgesetzt wird, müssen wir uns kurz mit der durch Stalin geprägten Sowjetunion bis 1955 und der so genannten Entstalinisierung auseinander setzen. (...) Den Anhängern des Stalinismus, die darauf hinweisen, dass Stalin diese wirtschaftlichen Voraussetzungen geschaffen hat, halten wir entgegen, dass bei einem weiteren Ausbau der sozialistischen Demokratie sowohl die Industrialisierung als auch die vom Sozialismus nicht zu trennende Humanisierung und Mündigmachung der sowjetischen Gesellschaft erfolgt wären. Durch die Politik Stalins, die zu einem ›Unsichtbarwerden der sozialistischen Perspektive in der Welt‹ (Lukács) führte, ist der Idee von der Befreiung des Menschen kaum übersehbarer Schaden zugefügt worden. Es fehlen in der heutigen Sowjetunion noch vollständig die politischen Voraussetzungen für den Aufbau des Sozialismus, nämlich schonungslose Abrechnung mit der eigenen stalinistischen Vergangenheit. Wie kann sich in der Sowjetunion der sozialistische Humanismus durchsetzen ohne vollständige Enthüllungsanalyse der reinen Negativität der Massenmorde, der Liquidierung des radikal-demokratischen Potentials der Bolschewiki? Die Rehabilitierung der besten Söhne der Revolution (Trotzki, Bucharin, Radek usw.) wäre der erste Schritt zur Überwindung der stalinistischen Auswüchse. Wir können die Sowjetunion nicht als sozialistische Gesellschaft anerkennen, solange der Stalinismus mit allen seinen Prädikaten nicht radikal in der sowjetischen politischen Praxis verschwunden ist. Das Umbetten Stalins, das Abreißen seiner Denkmäler ist für uns kein Indiz einer durchgeführten Entstalinisierung!
Rudi, 1964

Nach Stalins Tod 1953 endeten die Exzesse in der Sowjetunion und in anderen osteuropäischen Ländern. Aber das Stalin'sche System blieb. Immer noch herrschte die Parteiführung über das Volk. Demokratische Grundrechte wie Presse- oder Versammlungsfreiheit wurden den Menschen weiterhin verwehrt. Immer noch wurden Oppositionelle eingesperrt, meist unter menschenunwürdigen Bedingungen. Auch in der DDR, bis zum Jahr 1989.

Leider haben die ehemaligen Politbürokraten wie Egon Krenz, der letzte Partei- und Staatschef der DDR, wenig Bedauern darüber geäußert. Stattdessen hat Krenz gegen sein Urteil im Politbüroprozess vor dem Europäischen Gerichtshof geklagt. Er hat es auf finstere politische Machenschaften zurückgeführt, als seine Klage im März 2001 mit allen fünfzehn Richterstimmen abgewiesen wurde. Man bedenke, der Mann ist Freigänger und erhält Hafturlaub. Er sitzt im gemütlichsten Knast Berlins. Ich weiß nicht, ob Krenz einmal die Haftanstalt Bautzen besucht hat, in der die Opfer seiner Diktatur unmenschlich schikaniert wurden, bis die SED viele von ihnen an die Bundesrepublik verkaufte. Hafturlaub in Bautzen? Freigänger im realsozialistischen Strafvollzug? Ich schätze, Egon Krenz ist froh, dass er der kapitalistischen Klassenjustiz in die Hände fiel. Man stelle sich vor, die eigenen Genossen hätten seinen steilen Aufstieg irgendwann gestoppt und Krenz zum Agenten des Imperialismus gestempelt. Ich finde, Egon Krenz hat Glück gehabt. Er geht einer geregelten Arbeit nach und muss nachts im Knast schlafen. Wenn man bedenkt, was Leuten passierte, die in der DDR demonstrierten oder Flugblätter verteilten.

Nein, der Sozialismus sowjetischer Prägung war kein Sozialismus, sondern ein bürokratischer Staatskapitalismus. Er unterwarf die Gesellschaft nicht mehr der

Herrschaft des Kapitals, sondern einer kleinen Clique, die allein bestimmte, in welche Richtung Politik und Gesellschaft sich entwickelten.

Wann ist der sowjetische Sozialismus gescheitert? Diese Frage wird oft gestellt. War es mit Lenins Tod, war es mit Stalins Sieg über seine Konkurrenten in der Partei? Ich glaube, der Sozialismus hatte in Russland nie eine Chance. Wie hätte es möglich sein sollen, den Sozialismus, ein Produkt der kapitalistischen Industrialisierung, in einem Agrarland aufzubauen? Russlands Bevölkerung bestand zu mehr als neunzig Prozent aus Bauern und Landarbeitern. Die Oktoberrevolution war eine Revolte in einer Agrargesellschaft. Sie fand am meisten Unterstützung, als sie die Großgrundbesitzer enteignete und den Bauern Land gab. Sowjetrussland verwandelte sich endgültig in eine Diktatur, als die Bolschewiki daran gingen, den Bauern das Land wieder zu nehmen. Seitdem wurde die russische Gesellschaft unter die Gewalt der Partei gezwungen. Es gab nie eine Selbstverwaltung der Arbeiter. Die Sowjets waren genauso Zustimmungsversammlungen wie die Volkskammer der DDR.

Der reale Sozialismus, der nie wirklich war, ist zusammengebrochen, nicht wegen seiner Feinde, sondern weil er nicht überlebensfähig war. An seiner Stelle herrscht nun der Kapitalismus, auch im nachmaoistischen China herrschen mehr und mehr die Gesetze des Kapitals. Ist dies ein Fortschritt?

Im Sinn der Menschenrechte ja, denn der Sturz des Sowjetsozialismus hat Millionen von Menschen befreit von Unterdrückung. Auch in Russland gibt es eine freie Presse, auch wenn die Regierung immer wieder versucht, die Medien zu gängeln. Gewerkschaften sind entstanden, die diesen Namen verdienen. Gleichzeitig aber hat der Umbruch viele Menschen arm werden lassen. Vor allem in Russland gibt es hemmungslosen Reichtum und trostlose Armut nebeneinander. Klassenwidersprüche wie im Frühkapitalismus spalten die Gesellschaften in Osteuropa.

Die Gefahren für die Umwelt wachsen. Früher entsprang die Umweltverschmutzung in Osteuropa zuerst der mangelnden Effizienz der Industrie und einer unglaublichen Fahrlässigkeit. Heute nimmt sie zu in dem Maß, wie die ehemals sozialistischen Gesellschaften in den Sog des Turbokapitalismus gezogen werden. Man stelle sich nur vor, fast eineinhalb Milliarden Menschen in China würden proportional genauso viele Autos besitzen wie die Deutschen oder Amerikaner oder gar eine vergleichbare Stufe der Industrialisierung erreichen. Es wäre das Ende der Klimaschutzpolitik und die Verschärfung der Katastrophe, in der die Welt längst steckt. Aber die Wirtschaftspolitik Chinas will den Rückstand zu den Industriestaaten beseitigen, und sie ist auf dem besten Weg dazu. Unterstützt nicht zuletzt von der deutschen Entwicklungspolitik. Welch gigantischer Markt wartet auf die deutschen Automobilhersteller! Und welche neuen Möglichkeiten eröffnen sich, die Umwelt im Schnellgang zu zerstören! Bis auch die Aktionäre und Manager der Industrie begreifen, dass sie sich am Ende selbst schädigen, wird es zu spät sein.

Hat der Sozialismus eine Chance?

Sosehr wir uns freuen dürfen, dass der Sowjetsozialismus bankrott ist, sosehr müssen wir uns Gedanken machen über Alternativen zum heutigen Kapitalismus.

Ein moderner Sozialismus setzt nicht mehr blind auf Enteignung und Vergesellschaftung, schon gar nicht auf die Diktatur des Proletariats. Er könnte heute immer noch beschrieben werden mit den Begriffen Freiheit, Gerechtigkeit und Solidarität. Aber er ist nicht mehr gleichzusetzen mit einer neuen Gesellschaftsformation. Ein moderner Sozialismus nutzt vielmehr die zivilisatorischen Errungenschaften des Kapitalismus, begrenzt und überwindet aber die Folgen der Profitsucht. Er beschränkt die Macht der Konzerne und kontrolliert den internationalen Finanzmarkt. Er sorgt für sozialen Ausgleich in den Gesellschaften.

Dieses und vieles andere steht auch in Programmen und Beschlüssen der SPD. In der Politik aber betreibt die gegenwärtige sozialdemokratisch geführte Regierung genau das Gegenteil. Sie bereichert die Reichen und belastet sozial Schwache zusätzlich, wie allein stehende Frauen, Rentner, Arbeitslose und Sozialhilfeempfänger. Es ist nur folgerichtig, dass die SPD in ihrem neuen Programm den Begriff »demokratischer Sozialismus« streichen will.

Aber damit ist der Sozialismus nicht am Ende. Der bisherige Sozialismus hatte den Nachteil, dass er einen neuen Menschen voraussetzte (Marx) oder nicht ernst gemeint war (SPD). Der bisherige Sozialismus scheiterte an der Tatsache, dass Menschen Produkte einer biologischen und kulturellen Evolution sind und eben nicht nur Vernunftwesen. Ehrgeiz, Gewinnstreben, Konkurrenz waren und sind evolutionäre Vorteile und gehören daher zum Wesen des heutigen Menschen. Sie schließen eine egalitäre Gesellschaft im klassischen Sinn aus. Die Gewalt war immer auch das Eingeständnis der Revolutionäre, dass viele Menschen das angeblich so Überzeugende nicht akzeptierten.

Auch bei den Grünen gab es früher viele Leute (und gibt es heute noch einige), die sich den sozialistischen Grundwerten Freiheit, Solidarität, Gerechtigkeit verpflichtet fühlten. Sie wollten die Lösung der neuen Aufgabe Ökologie mit der Lösung der alten Aufgabe Überwindung des Kapitalismus verbinden. Ich halte das für eine vernünftige Denkrichtung. Nur Blinde sehen nicht, dass der Kapitalismus in den Untergang führt. So ganz Unrecht hatte Marx nicht, als er die Menschheit vor die Alternative Sozialismus oder Barbarei gestellt sah. Wir sind der Barbarei näher gekommen. Wir stehen vor einem gefährlichen Dilemma: Der Sozialismus, was immer er sei, scheint unmöglich, der Kapitalismus aber droht mit seinem Wachstumswahn die menschliche Zivilisation zu zerstören. Es wäre die Aufgabe der Politik, Wege aus dem Dilemma zu diskutieren. Stattdessen mildert sie die Folgen des Wachstums ab, um es weiter zu beschleunigen.

Immerhin, es gibt bei den Grünen hin und wieder jemanden, der das Wort Sozialismus in den Mund nimmt. Christian Ströbele zum Beispiel, der sich offenbar Alternativen zur kapitalistischen Gesellschaft vorstellen kann.

Ich weiß nicht, ob es einen Sozialismus geben kann. Rudi war überzeugt von seiner Notwendigkeit. Es ist wichtig, dass Menschen hohe Ideale haben, große Ziele, die sie anstreben. Utopien können einen Weg zeigen aus den Gefahren der Gegenwart, auch wenn die Utopien selbst nie verwirklicht werden. Vielleicht sollten wir uns einen Sozialismus als alternativen Traum vorstellen. Er könnte uns anspornen, Wege aus den Dilemmata der Gegenwart zu finden.

Verteidigung der Demokratie

Wie der Sozialismus immer aussehen mag, wir kommen ihm nicht näher ohne Demokratie. Diese aber ist gefährdet durch die Angriffe von Rechts. Und sie ist gefährdet durch die Inkonsequenz ihrer Verteidiger. Bundesinnenminister Otto Schily hat sich bei seiner Amtsübernahme beklagt, warum er nicht von einer Kontinuität der Innenpolitik sprechen dürfe, so, wie der neue Außenminister Fischer von einer Kontinuität der Außenpolitik gesprochen habe. Schily meinte seinen Vorgänger Manfred Kanther, der selbst im Spektrum der CDU am rechten Rand steht. Kanther war einer jener Saubermänner, die sich so im Recht fühlten, dass es ihnen erlaubt schien, das Parteiengesetz zu brechen.

Es ist schon seltsam: Wenn ein Sozialdemokrat Innenminister wird, setzt er sich eine Pickelhaube auf. Selbst dann, wenn der Innenminister Otto Schily heißt, früher bei den Grünen war und noch früher als Bürgerrechtsanwalt galt. Zu den größtenteils friedlichen Protesten gegen die Castor-Transporte fiel Schily nur ein, dass er die Demonstranten zur Kasse bitten will. Es wäre besser, der Innenminister engagierte sich für den Ausbau der Demokratie.

Es ist offenkundig, die repräsentative Demokratie hat Nachteile. Immer mehr Menschen fühlen sich nicht vertreten in ihr. Das zeigen die Proteste von Bürgerinitiativen, das zeigt aber auch die sinkende Wahlbeteiligung. Viele erkennen keinen Nutzen darin, ihre Stimme abzugeben. Sie haben den Eindruck, es ist egal, was sie wählen, am Ende zahlen sie die Zeche. Es ist ja auch nicht unüblich, dass Parteien vor den Wahlen etwas anderes erklären als danach. Ich denke da nur an die Rentendebatte und die Versprechungen der SPD. Und es ist mehr als fraglich, ob die Wähler der Grünen einen Atomkonsens gewählt haben, der in Wahrheit eine dreißigjährige Bestandsgarantie für Atomkraftwerke darstellt und von jeder neuen Regierung kündbar ist. Wer glaubt, dass die CDU in den kommenden drei Jahrzehnten nicht mehr an die Regierung kommt?

Man kann Menschen, die enttäuscht sind von der Demokratie, nicht den Rechtsextremen überlassen. Man muss ihnen demokratische Angebote machen: mehr Mitwirkung, mehr Rechte. Ich fordere deshalb die Einführung neuer Institutionen der Demokratie wie Volksbefragungen. Außerdem sollte es möglich werden, Abgeordnete in allen Parlamenten in besonderen Fällen abzuwählen. Wir brauchen eine Rechenschaftspflicht für Parlamentarier. Je mehr Möglichkeiten der Partizipation wir schaffen, umso mehr Menschen integrieren wir in die Demokratie.

Genau das Gegenteil aber betreiben jene Politiker, die zum Beispiel das Demonstrationsrecht einschränken wollen, um Neonazis zu bekämpfen. Die Demokratie kann man nicht verteidigen, indem man sie abbaut.

Das Vertrauen in die Demokratie sinkt auch, wenn bei Menschen der Eindruck wächst, die Demokratie löse ihre Probleme nicht. Manche fürchten, ihr Leben werde von anonymen Mächten beherrscht, die sie nicht kontrollieren können. Über das wirtschaftliche Wohl und Wehe entscheiden die internationalen Finanzmärkte, die sich beeinflussen, aber nicht beherrschen lassen. Über weite Bereiche der nationalen Politik entscheidet die Europäische Union, die alles Mögliche ist, nur nicht ein Vorbild an Demokratie.

Die EU-Kommission ist ein gigantischer Wasserkopf. Das Europaparlament ist kastriert in seinen Rechten. Die nationalen Regierungen bestimmen, nicht die Parlamente. Sei es die Agrarpolitik, sei es das Wettbewerbs-recht, seien es Arbeiterrechte, es findet sich immer ein EU-Kommissar, der den Nationalregierungen Weisungen erteilt. So engagiert etwa Renate Künast als Verbraucher- und Landwirtschaftsministerin handelt, ihr sind enge Grenzen gesetzt, nicht nur durch den Bundestag, sondern auch durch den für Agrarpolitik verantwortlichen EU-Kommissar Fischler. Viel zu oft stellt sich den Menschen die EU dar als unkontrollierbares Monster, das alle Zuständigkeiten an sich reißt.

Es hat viele Vorteile, wenn Europa zusammenwächst, wenn die Grenzen fallen. Aber bisher ist dieses Zusammenwachsen auch eine Zumutung für jeden Demokraten. Auf diese Weise bedient man nationalistische Vorbehalte, wie sie vor allem in der rechten Ecke gepflegt werden. Dabei wäre es ein Gewinn an Demokratie und Lebensqualität, wenn man mit der Vereinigung Europas die Demokratie stärken und ausweiten würde. Darauf haben die Grünen in ihrer Europapolitik bisher zu wenig geachtet. Dabei wäre es ihre Aufgabe als Bürgerrechtspartei, dafür zu sorgen, dass die Bürgerrechte in Europa nicht unter die Räder kommen.

Basis und Führung

Schwierigkeiten mit der Demokratie gibt es auch in der grünen Partei. Das ist erstaunlich, denn keine andere Partei lebte so von den Demokratiedefiziten von Union, SPD und FDP wie die Grünen. Nicht umsonst haben sie sich am Anfang als basisdemokratisch bestimmt, als eine Partei also, in der die Mitglieder nicht Manövriermasse einer machtfixierten Führung sind, sondern das entscheidende Element.

Inzwischen ist es aber so weit, dass Teile der Parteiführung lässig über Beschlüsse von Parteitagen hinweggehen. Was die Grünen vertreten, bestimmen immer weniger Parteitage, die das höchste Beschlussgremium sind, nicht einmal in die Führung gewählte Minister, sondern vor allem Joschka Fischer. Manchmal bekommt man den Verdacht, er sei die graue Eminenz der Grünen. Er brauche seine Partei, um Außenminister zu sein, halte sich aber nicht an deren Beschlüsse.

Ich denke, dass sich heute derjenige als Revolutionär begreifen muss, der durch intellektuelle Arbeit und sinnliche Erfahrungen zu der Erkenntnis kommt, diese Gesellschaft kann und soll verändert werden. Diese Gesellschaft ist unfähig, sich aus sich heraus qualitativ zu verändern. Die Parteien lassen sich nur noch als Instrumente der Exekutive benutzen. Wie steht es um die innerparteiliche Demokratie bei CDU und SPD? (...) Keine Selbsttätigkeit von unten, nur noch Manipulation von oben; Führer, die keinen Dialog mit ihrer Basis führen; verselbstständigte Führungselite, die es gar nicht mehr will, dass eine Diskussion stattfindet – weil nämlich die praktisch-kritische Diskussion Ausgangspunkt der Infragestellung der bürokratischen Institutionen wäre. Und das will man nicht. Die Parteien sind nur noch Plattformen für Karrieristen.
Rudi, 1967

Die gewählten Parteivorsitzenden und der Bundesvorstand führten zeitweise ein Schattendasein, vor allem als Antje Radcke und Gunda Röstel der Partei vorsaßen. Antje Radcke hat sich später beklagt, sie sei an den Rand gedrängt und benutzt worden, um Entscheidungen zu rechtfertigen, die sie nicht selbst getroffen hatte und die sie für falsch hielt. Vorzuwerfen ist ihr, dass sie diese Entscheidungen nach außen vertreten hat. Bedenklich ist, dass es möglich war, dass eine Parteivorsitzende zum Sprachrohr der Regierung oder eines Ministers herabgewürdigt wurde. Nicht ohne Grund nennen Medien Fischer den »heimlichen Parteivorsitzenden« der Grünen. Jedenfalls, so viel wird deutlich, mit Kuhn und Roth hat er es nicht so einfach. Allerdings unterscheiden sich Fischers und Kuhns Positionen kaum, wenn überhaupt.

Das Hauptproblem ist die Anpassung der Grünen an die anderen Parteien, auch in ihren Strukturen. Woher kommt nur die Idee, die Grünen müssten am Ende so dastehen wie SPD oder FDP, mit den gleichen Strukturen und der gleichen Bereitschaft, sich über eigene Prinzipien hinwegzusetzen, wenn kurzfristig ein Vorteil winkt?

Verteidigung des Asylrechts

Zur Anpassung an die Strukturen anderer Parteien zählt auch die Tatsache, dass Mitglieder der gewählten und der nicht gewählten Parteiführung kein Hehl daraus machen, dass sie missliebige Parteitagsbeschlüsse souverän übergehen wollen. Auf dem Parteitag der Grünen im März 2001 hatte eine knappe Mehrheit der Delegierten gefordert, das Grundrecht auf Asyl zu stärken und die so genannte Drittstaatenregelung abzuschaffen. Das erste, was Joschka Fischer dazu einfiel, war, sich darüber lustig zu machen.

Dabei geht es Asylbewerbern schlecht in Deutschland. Manchmal setzen die Behörden alles daran, dass es ihnen besonders schlecht geht. Dazu ein Beispiel, das die Flüchtlingshilfsorganisation PRO ASYL veröffentlicht hat:

»Einen Empfang der besonders üblen Art bereitet die Ausländerbehörde in Osterode Flüchtlingen, die dem Landkreis neu zugewiesen werden: Wer keinen gültigen Pass vorlegen kann – und das ist bei Flüchtlingen die Regel –, wird von Behördenmitarbeitern bis auf die Haut gefilzt und muss damit rechnen, dass seine persönliche Habe beschlagnahmt wird. Herausgekommen ist dies, nachdem das iranische Flüchtlingsehepaar R-G. sich am 13. März [2000] über diese Praxis beschwerte. Auf Nachfrage erklärte ein Behördenvertreter den sprachlosen Mitarbeitern des niedersächsischen Flüchtlingsrats: ›Das ist bei uns gängige Praxis.‹

Der Darstellung der betroffenen Flüchtlinge zufolge wurden die Eheleute R-G. direkt bei ihrer Ankunft im Rathaus dazu gezwungen, Kleidungsstücke abzulegen. Sie seien von den anwesenden Beamten mit Plastikhandschuhen körperlich durchsucht und abgetastet worden. Dabei seien sie ausgesprochen unfreundlich behandelt, angeschrien und zurechtgewiesen worden. Ein Dolmetscher sei ihnen trotz ihrer Bitte ebenso verweigert worden wie die Kontaktaufnahme zu ihrer Rechtsanwältin. Widerrechtlich notierten die Mitarbeiter der Behörde die Telefonnummern, die im Handy von Herrn R. gespeichert waren, und zogen die mitgeführten Schriftstücke ein. Darunter war auch die Visitenkarte der Rechtsanwältin.

Die körperliche Durchsuchung und die damit einhergehende entwürdigende Behandlung der Familie R-G. durch die Osteroder Beamten lässt jeden Respekt im Umgang mit Menschen vermissen und stellt überdies einen eindeutigen Rechtsbruch dar. PRO ASYL und der Niedersächsische Flüchtlingsrat haben deshalb Strafanzeige gegen die beteiligten Beamten wegen Beleidigung, Nötigung und des Ausspähens von Daten angekündigt.

Nach § 15 Absatz 4 Asylverfahrensgesetz dürfen Flüchtlinge zwar körperlich durchsucht werden. Allerdings gilt dies nur dann, wenn konkrete Anhaltspunkte bestehen, dass sie die Herausgabe von Pass oder asylverfahrensrelevanten Unterlagen verweigert haben, obwohl sie in deren Besitz sind. Durchsuchungen dieser Art finden deshalb meist – wenn überhaupt – relativ bald nach der Einreise statt. In keinem Fall dürfen bei solchen Aktionen private Telefonnummern, Visitenkarten und andere private Unterlagen beschlagnahmt und einbehalten werden. Der Ausländerbehörde Osterode dürfte es schwer fallen, einen Verdacht, der die Durchsuchung gerechtfertigt hätte, glaubhaft zu machen. Bislang war die Behörde mit dem Fall gar nicht befasst, und die Eheleute hatten eben gerade zum ersten Mal einen Fuß in das Osteroder Rathaus gesetzt.«

Das Asylrecht ist ein demokratisches Grundrecht. Menschen, die wegen ihrer Rasse, Religion, Nationalität, Zugehörigkeit zu einer sozialen Gruppe oder ihrer politischen Überzeugung verfolgt werden, müssen Schutz finden in demokratischen Staaten. Im Mai 1993 hat die damalige Bundesregierung zusammen mit der SPD das individuelle Asylrecht weitgehend abgeschafft. Seitdem gilt die Drittstaatenregelung. Diese Regelung verweigert Menschen, die aus einem so genannten sicheren Drittstaat einreisen, das Recht auf Asyl. Ihre Fälle werden nicht geprüft, sondern pauschal abgewiesen. Es wird unterstellt, dass die Staaten in Deutschlands Nachbarschaft einen ausreichenden Rechtsstandard bieten. Außerdem können Asylbewerber aus so genannten sicheren Herkunftsstaaten das Asylrecht nur beanspruchen, wenn sie Tatsachen vorbringen, aus denen auf ihre Verfolgung zu schließen ist. Welche Staaten als Drittstaaten oder als Herkunftsstaaten sicher sind, wird per Gesetz geregelt. Hinzu kommt schließlich die »Flughafenregelung«. Sie erlaubt es, Asylbewerber, die auf dem Luftweg nach Deutschland einreisen, bis zu neunzehn Tagen auf dem Flughafengelände festzuhalten und das Asylverfahren dort durchzuführen.

Seit dem Asylrechtskompromiss vom Mai 1993 fordern wichtige Organisationen die Wiedereinführung des alten Asylrechts. Zu diesen Verbänden zählen die Arbeiterwohlfahrt, die Caritas, der Deutsche Gewerkschaftsbund, diverse Kirchen und kirchliche Einrichtungen, terre des hommes, der UNO-Flüchtlingskommissar und andere. Auch die Grünen haben sich damals gegen den Asylkompromiss ausgesprochen. Viele Experten fordern, dass endlich ein europäisches Asylrecht verabschiedet wird, das sich an den Standards internationaler Abkommen ausrichtet, statt faktisch abzurücken von diesen Standards.

Die beiden entscheidenden Abkommen, an denen sich ein europäisches Asylrecht auszurichten hätte, sind die Genfer Flüchtlingskonvention und die Europäische Menschenrechtskonvention. Internationale Gremien und Experten sind überzeugt davon, dass Deutschland beide Konventionen nicht einhält. Der Europäische Gerichtshof für Menschenrechte in Straßburg hat am 7. März 2000 entschieden, dass Artikel der Europäischen Menschenrechtskonvention es nicht erlauben, einen Flüchtling ohne Einzelfallprüfung nur auf Grundlage der Drittstaatenregelung in ein Nachbarland abzuschieben. Damit widerspricht der Gerichtshof dem Bundesverfassungsgericht, das die Drittstaatenregelung für verfassungsgemäß erklärt hat.

Halten wir also fest: Das deutsche Asylrecht, wie es auch die rot-grüne Regierung anwendet, widerspricht der Europäischen Menschenrechtskonvention. Das ist nicht die Meinung eines linken Kritikers, sondern des höchsten europäischen Gerichts. Außerdem verstößt das deutsche Asylrecht gegen den Grundsatz der Genfer Flüchtlingskonvention, der besagt, dass die Abschiebung eines Asylbewerbers in einen Drittstaat auszusetzen ist, wenn die Gefahr einer Kettenabschiebung droht. Diese Gefahr droht fast immer, und deshalb muss Asylbewerbern Rechtsschutz gewährt werden in jedem Land, in dem sie Asyl beantragen.

Außerdem ist es absurd, sich auf das Asylrecht und die Asylpraxis der Nachbarländer zu verlassen. Die Drittstaatenregelung unterstellt, dass in den Nachbarländern ausnahmslos Maßstäbe gelten, die die in Deutschland nicht unterschreiten. Diese Maßstäbe können aber schlechter sein, als die Europäische Menschenrechtskonvention und die Genfer Flüchtlingskonvention es verlangen.

Vielleicht ein kleiner Fortschritt

In einem Punkt könnten die Bemühungen zahlreicher Verbände vielleicht zu einem Erfolg führen. Seit Jahren bereits gibt es den Skandal, dass in Deutschland die nichtstaatliche Verfolgung nicht als Asylgrund anerkannt wird. Frauen zum Beispiel, die in Afghanistan von den Taliban mit brutaler Gewalt unmenschlichen, angeblich islamischen Gesetzen unterworfen werden, haben vor deutschen Gerichten kaum eine Chance. Die Taliban gelten nicht als Regierung oder sonstige staatliche Einrichtung, also wurden die Frauen nicht staatlich verfolgt, also wurde ihnen das Asylrecht nicht gewährt, also wurden viele nach Afghanistan abgeschoben. Bekanntermaßen aber werden viele Frauen in Afghanistan gefoltert, eingesperrt und ermordet, wenn sie nicht so funktionieren, wie die Taliban es wünschen. Diese terroristischen Banden regieren den größten Teil Afghanistans. Dennoch konnte sich das Bundesverwaltungsgericht bisher nicht dazu durchringen, den Taliban die so genannte Quasistaatlichkeit zuzuerkennen, was bedeuten würde, dass von den Taliban Verfolgte staatlich Verfolgten gleichgestellt würden.

Wer sonst, wenn nicht die Grünen, sollte sich für die Rechte der Flüchtlinge einsetzen? Sie haben dabei bisher versagt. Ich erwarte von meiner Partei, dass sie zumindest folgende Forderungen zahlreicher Verbände offensiv vertritt, vor allem gegenüber dem Koalitionspartner:

Der Schutz für Flüchtlinge darf nicht von der Existenz einer staatlichen oder staatsähnlichen Ordnungsmacht im Flüchtlingsland abhängig gemacht werden.

Die Rechtsprechung des Europäischen Gerichtshofs für Menschenrechte zur Auslegung der Europäischen Menschenrechtskonvention ist als verbindlich zu akzeptieren. Abschiebungsschutz muss auch dann gewährt werden, wenn keine staatliche Gewalt existiert.

Familienasyl wird auch denjenigen Ehegattinnen, Ehegatten und Kindern gewährt, die über einen so genannten sicheren Drittstaat eingereist sind. Der Familiennachzug für Konventionsflüchtlinge wird ermöglicht, wie vom UNHCR gefordert.

Eine Verfolgung aus geschlechtsspezifischen Gründen muss entsprechend den Beschlüssen des Exekutivkomitees des UNHCR und den Beschlüssen der Frauenministerinnenkonferenz vom 25./26. Juni 1997 im Asylverfahren berücksichtigt werden.

Leider folgt die rot-grüne Regierung dem Vorbild der Regierung Kohl. Statt die Rechte der Flüchtlinge zu stärken, diskutieren Regierungskreise, vor allem im Bundesinnenministerium, Verfahrensbeschleunigungen und Einschränkungen des Rechtsschutzes. Als Leitlinie dient offenbar Innenminister Schilys unglaublicher Satz »Das Boot ist voll«. Auf europäischer Ebene wird stattdessen diskutiert, wie man ein dreistufiges Asylverfahren einführt, einschließlich einer Beschwerdeinstanz und eines Berufungsgerichts.

Nach der Osterweiterung ist Deutschland nur noch von EU-Staaten umgeben, ausgenommen die Schweiz. Statt der Drittstaatenregelung steht ein europäisches Asylrecht auf der Tagesordnung, das den Ansprüchen der Europäischen Menschenrechtskonvention und der Genfer Flüchtlingskonventionen gerecht wird. Es wäre die Aufgabe der einzigen Bürgerrechtspartei in Deutschland, hier eine Vorreiterrolle zu spielen. Stattdessen aber fürchten viele Grüne, dass die Union wieder in die Kiste rechtsextremer Instinkte greift.

Und auch die SPD hat anscheinend nicht vergessen, wie sie Anfang der neunziger Jahre unter Björn Engholm ins Trommelfeuer der Asyldebatte geriet und sich schließlich auf den Asylkompromiss einließ, der in den unhaltbaren Zuständen mündete, die wir heute zu beklagen haben. Das heutige Asylrecht muss geändert werden. Es darf nicht sein, dass Flüchtlinge in die Länder abgeschoben werden, aus denen sie aus wichtigen Gründen flohen. Deswegen ist der Beschluss des Stuttgarter Parteitags vom März 2001 richtig.

Nazis und Neonazis

Im Grunewald gibt es eine S-Bahn-Station. Als ich dort war, regnete es, alles war grau in grau. Ein deprimierender Tag. Wenn man genau hinschaut, entdeckt man dort ein bestimmtes Gleis. Hier wurden in den vierziger Jahren Berliner Juden in Viehwaggons verladen, die sie in Richtung Osten brachten, nach Auschwitz, Treblinka oder andere Vernichtungslager. Trotz der Zerstörungen durch den Krieg und des Wiederaufbaus danach trifft man in Berlin immer wieder auf Zeugnisse des Dritten Reichs. Mir geht es manchmal ziemlich nah.

Das mulmige Gefühl verlässt mich auch in den USA nicht. Manchmal werde ich dort »Nazi« genannt. »Du hast Juden in den Ofen gesteckt.« Das sagen Juden, die mich als Deutschen erkennen. In Newton leben viele Juden. Sie meinen es gewiss nicht so, denken wohl eher, es sei ein derber Spaß. So wie »Kraut« vielleicht. Nun esse ich weder Sauerkraut noch bin ich ein Nazi. Aber ich kann es schon verstehen, dass Deutsche nach dem Dritten Reich als »Nazis« bezeichnet werden. Natürlich sind Menschen nicht schuld an Unterdrückung, Krieg und Auschwitz, wenn sie im Dritten Reich Kinder oder noch gar nicht geboren waren. Aber es sind viel mehr schuld, als nach dem Krieg verurteilt wurden. Es leben nach wie vor Täter des Dritten Reichs. Gerade heute, wo ich diese Zeilen schreibe, wurde ein SS-Offizier zu zwölf Jahren Gefängnis verurteilt, weil er sieben jüdische Zwangsarbeiter erschossen hat – »aus reiner Mordlust«, wie der Richter sagte. Es waren ja nur Juden.

Mein Großvater, Rudis Vater, war im Krieg. Er starb 1987, da war ich sieben Jahre alt, viel zu jung, um ihn zu fragen, was er getan hat. Ich weiß nur, dass meine Großmutter Christin war und ihre vier Söhne, darunter Rudi als jüngsten, energisch zu einer moralischen Lebensweise erzogen hat.

Einmal traf ich in Newton an der Bushaltestelle nahe meiner Highschool zufällig einen Bekannten. Er fragte mich, ob mein Großvater an der Ostfront gekämpft habe. Sein Großvater, ein russischer Jude, habe dort gekämpft und sei umgekommen. Es sei doch möglich, dass mein Großvater seinen Großvater umgebracht habe. Der Bekannte hat mir das nicht vorgeworfen, und doch hat es mich getroffen. Ja, es ist theoretisch möglich, dass mein Großvater seinen Großvater getötet hat. Das ist das Schreckliche an jedem Krieg.

Natürlich kann man Soldaten nicht mit den Mordbanden der SS gleichsetzen, sofern sie nicht auch an der Judenvernichtung teilgenommen haben. Und doch hat jeder Soldat mit dafür gesorgt, dass die Vernichtungslager weiter arbeiten konnten, auch jene Soldaten, die davon nichts wussten, und sogar diejenigen, die dagegen waren. Nur in den von der deutschen Wehrmacht besetzten Gebieten konnte die SS Juden zusammentreiben, deportieren und vernichten.

Gnade für SS-Mörder

Manche Haupttäter sind untergetaucht wie Alois Brunner, der seinen Chef Adolf Eichmann unterstützt hat bei der Planung und Durchführung der Judenvernichtung. Brunner wohnt offenbar in Syrien. Die meisten Täter wurden nie verfolgt und nie angeklagt. Wurden welche angeklagt und verurteilt, so fanden sich schon kurz nach 1945 Leute, die sich dafür einsetzten, dass sie vorzeitig entlassen wurden.

Im Januar 1951 pilgerte eine westdeutsche Delegation zum amerikanischen Hochkommissar John McCloy. Sie wurde geleitet vom Bundestagspräsidenten Hermann Ehlers, ihr gehörten Abgeordnete der größten Parteien an. Sie verlangten, die im bayerischen Landsberg einsitzenden Kriegsverbrecher freizulassen.

Wer saß in Landsberg? Zum Beispiel SS-Obergruppenführer Oswald Pohl, Chef der Konzentrations- und Vernichtungslager des Dritten Reichs. – Oder SS-Gruppenführer Otto Ohlendorf, einer der führenden Köpfe des Reichssicherheitshauptamts und Leiter der Einsatzgruppe D, die 1941/42 auf der Krim und im Kaukasus 90 000 Menschen umgebracht hat, weil sie Juden oder Kommunisten waren. – Oder SS-Standartenführer Paul Blobel, Leiter des Sonderkommandos 4a der Einsatzgruppe C. Er ist unter anderem verantwortlich für Massenmorde in Luzk, Dubno, Shitomir und Berditschew, alle in der Sowjetunion. Allein bei einer Aktion in Charkow ermordeten Blobel und seine Leute 21 685 Juden; er leitete auch die Erschießung von 30 000 Juden bei Kiew. Anschließend leitete Blobel die so genannte Enterdungsaktion. Um keine Spuren zu hinterlassen, öffnete sein Kommando die Massengräber früherer Mordaktionen und verbrannte die Leichen. – Oder SS-Brigadeführer Erich Naumann, der in Litauen täglich 500 Juden ermorden ließ. – Oder SS-Obersturmbannführer Werner Braune, Chef des Sonderkommandos der Einsatzgruppe D, das zum Beispiel 10 000 Juden in Simferopol auf der Krim ermordete, damit die Soldaten dort ein »judenfreies Weihnachten« feiern konnten.

Um also diese Massenmörder in Freiheit zu entlassen, machte sich eine Delegation des Deutschen Bundestags auf den Weg zum amerikanischen Hochkommissar. Es gebe sonst Schwierigkeiten bei der von den Amerikanern gewünschten deutschen Wiederaufrüstung. Der Deal lautete: Ihr kriegt Soldaten gegen die Russen, wir bekommen unsere SS-Offiziere zurück. Aufarbeitung der NS-Geschichte 1951! Hatte die CDU-Vorsitzende Angela Merkel nicht in der Bundestagsdebatte über die Spontivergangenheit Joschka Fischers erklärt, die Bundesrepublik sei immer ein weltoffener und liberaler Staat gewesen?

In diesem weltoffenen Staat des Bundeskanzlers Konrad Adenauer, der Ikone der CDU, des Vorbildes auch Helmut Kohls, saß ein Mann mit an den Schalthebeln der Macht, Staatssekretär und Leiter der Verwaltung des Bundeskanzleramts, Adenauers engster Vertrauter: Hans Globke. Er war ein in Regierungsdingen erfahrener Mann, er diente den Reichsinnenministern Frick und Himmler und befasste sich damit, die Opfer des Holocaust zu bestimmen.

Der später in Nürnberg hingerichtete Reichsinnenminister Wilhelm Frick bescheinigte seinem Untergebenen Globke im April 1938 außerordentliche Leistungen für den NS-Staat:

»Oberregierungsrat Dr. Globke gehört unzweifelhaft zu den befähigtsten und tüchtigsten Beamten meines Ministeriums. (...) In ganz hervorragendem Maße ist er an dem Zustandekommen der nachstehend genannten Gesetze beteiligt gewesen:

a) Des Gesetzes zum Schutze des deutschen Blutes und der deutschen Ehre vom 15. September 1935

b) des Gesetzes zum Schutze der Erbgesundheit des deutschen Volkes vom 18. 10. 1935

c) des Personengesetzes vom 3.11.1937

d) des Gesetzes zur Änderung von Familiennamen und Vornamen.«

Alle diese Gesetze dienten dazu, Menschen als Juden zu definieren, eine entscheidende Voraussetzung für ihre spätere Ermordung. Globke arbeitete an Gesetzen und Bestimmungen mit, die dazu dienten, Juden zu schikanieren und zu entrechten. Nach 1945 erklärte Globke, er habe dies getan, um Schlimmeres zu verhindern.

In seinen »Richtlinien zu den Rassengesetzen« schrieb Globke unter anderem:

»Der Standpunkt, dass es einer Persönlichkeit jüdischer Herkunft zur Unehre gereiche, einen jüdischen Namen zu führen, kann nicht gebilligt werden. Bestrebungen jüdischer Personen, ihre jüdische Abkunft durch Ablegung oder Änderung ihrer jüdischen Namen zu verschleiern, können nicht unterstützt werden. Der Übertritt zum Christentum bildet keinen Grund, den Namen zu ändern. Ebenso wenig kann die Namensänderung mit dem Hinweis auf antisemitische Strömungen begründet werden.«

Kein Wunder, dass der spätere Vorsitzende des Volksgerichtshofs, Roland Freisler, Globke lobte »ob der Gediegenheit der Kommentierung der Gesetze und zugehörigen Verordnungen. Man hat alles, was man in der Praxis benötigt.« Globkes Kommentar zum »Blutschutzgesetz«, das »Eheschließungen zwischen Juden und Staatsangehörigen deutschen Blutes« behandelte, bestimmte genau die Menschengruppen, die später dem Massenmord zum Opfer fielen: »Artfremdes Blut ist alles Blut, das nicht deutsches Blut noch dem deutschen Blut verwandt ist. Artfremden Blutes sind in Europa regelmäßig nur Juden und Zigeuner.«

Globke war, natürlich, nicht der einzige Nazi, der seine Karriere in der weltoffenen Bundesrepublik fortsetzte. Da gab es die Richter, die ihrem Obersten Gerichtsherrn Adolf Hitler bis zum Ende treu dienten und sich danach von aller Schuld freisprachen. Da gab es die Ärzte, die sadistische und mörderische Experimente an KZ-Gefangenen durchführten, um nach 1945 zu erklären, es habe alles dem Fortschritt der Menschheit gedient. Da gab es die Generale, die Hitlers Kriege gewannen und verloren und nachher nur dem Vaterland gedient haben wollten. In dieser weltoffenen Bundesrepublik konnten führende CDU-Politiker wie Alfred Dregger den deutschen Angriffskrieg gegen den Rest der Welt zur heroischen Verteidigung umlügen. Und ein CDU-Ministerpräsident, Hans Filbinger, erklärte, dass heute nicht Unrecht sein könne, was früher Recht gewesen sei. Der einstige Marinerichter verurteilte nach der deutschen Kapitulation Soldaten zum Tode. Reden wir gar nicht erst von den NSDAP-Mitgliedern Kurt Georg Kiesinger, zu APO-Zeiten Bundeskanzler, im Dritten Reich Stimme seines Herrn Joseph Goebbels, und Karl Carstens, erst Vorsitzender der CDU/CSU-Fraktion, dann Bundestagspräsident, schließlich Bundespräsident.

In der Debatte über die Biografie von Joschka Fischer schäumte die Union vor Empörung. Sie konnte dies nur, weil sie die eigene Vergangenheit längst entsorgt hat. So groß die Aufbauleistung nach dem Krieg war, so groß war die Verdrängungsleistung der Deutschen, die Täter vorneweg. Man sollte die Maßstäbe zurechtrücken. Kann man das Werfen von Steinen gleichsetzen mit der Vorbereitung zum Massenmord? Darf man die Entwicklung der bundesdeutschen Gesellschaft seit 1949 wirklich als strahlend hellen Hintergrund darstellen, um Aktionen Frankfurter Spontis als monströse Verbrechen gegen die Demokratie zu geißeln? Es ist ein absurdes Theater, das die Union so gerne aufführt.

Verdränger und Selbstgerechte

Ich habe den Verdacht, sie tut dies, um der APO nachträglich die Legitimation für den Aufstand von 1968 abzusprechen. Denn eine wesentliche Triebkraft dieser Revolte war die Verdrängung der NS-Vergangenheit der Kriegsgenerationen und die Tatsache, dass jene, die bis 1945 moralisch mitverantwortlich waren, sich zu Richtern über die Moral der Gesellschaft aufschwangen. Nicht zu Unrecht vermute ich die Geistesverwandten der einstigen Mitmacher in der Union. Der Konservatismus hat 1933 kläglich versagt. Sein Nationalismus trieb ihn zur Zusammenarbeit mit den Nazis. Haben nicht alle konservativen Parteien im März 1933 dem Ermächtigungsgesetz zugestimmt, der legalen Grundlage des Naziterrors? Zuvor hatten sie schon gemeinsam mit den Nazis Grundrechte außer Kraft gesetzt. Angesichts dieser historischen Linie versteht man den Drang der Union, aus der Geschichte zu fliehen.

Eines begann ich bald zu lernen: Der Zweite Weltkrieg war nicht aus dem Himmel gekommen, so wenig wie die Hölle der deutschen Konzentrationslager. Mein christliches Selbstverständnis wehrte sich dagegen, denjenigen dafür verantwortlich zu machen, der die Liebe gelebt hatte und dafür ans Kreuz musste. So stellte sich mir die Frage nach den Verantwortlichen des Zweiten Weltkrieges. Meine christliche Scham über das Ge-

schehene war so groß, dass ich es ablehnte, weitere Beweisdo-
kumente zu lesen und mich mit einer allgemeinen Erkenntnis
zufrieden gab: Der Sieg und die Macht der NSDAP, das Entstehen des Zweiten Weltkrieges ist von dem Bündnis zwischen
NSDAP und den Reichen (Monopolkapital) nicht zu trennen.
Damit war der Raum frei geworden für die erste Entscheidung,
zwischen Kapitalismus und Sozialismus grundlegend differen-
zieren zu können und dennoch mein Christentum nicht aufzugeben. Ein christlicher Sozialist in seiner Widersprüchlichkeit
und latenten Produktivität kam da erst einmal heraus.
Rudi, 1979

Auch nach 1945 war die Union im Westen kein Vorbild
an Demokratie und im Osten schon gar nicht. Es ist
erstaunlich, mit welcher Gelassenheit die CDU ihr
Dasein als Steigbügelhalter der SED in der DDR über-
geht. Kurz vor dem Ende der DDR schloss sie sich mit
einer anderen SED-treuen Partei zusammen, der Demokratischen Bauernpartei, dereinst gegründet von den
sowjetischen Besatzern und der Sozialistischen Ein-
heitspartei. Nach der Wende empfing die CDU West die
leninismusgestählten Kader der Blockflötenparteien
mit offenen Armen. Es ging um das Geld und um den
von der SED subventionierten Parteiapparat. Es mussten Wahlen gewonnen werden, was kratzte da die
Moral?

Wer so viel Morast an den Stiefeln hat wie die CDU,
sucht sein Heil im Angriff auf andere. Das ist so alt wie
billig.

Die Selbstgerechtigkeit der Union und ihr Beitrag zur
Schönfärberei der Geschichte ersticken bei ihr jeden
Impuls, die eigene Verdrängung aufzuarbeiten. Stattdes-
sen wendet sie sich gegen jene, die die Verdrängung der

Schuld aufzeigten. Ein Kampf gegen die Neonazis aber, dem die Glaubwürdigkeit fehlt, ist Spiegelfechterei.

Dieser Verdacht passt zu dem Eindruck, den die Union vermittelt. Sie tut so, als wäre sie die entschiedenste Gegnerin der Neonazis, in Wahrheit aber bedient sie sich aus deren Arsenal, bestätigt sie Vorurteile der Rechtsextremisten, stärkt sie deren Verankerung in der Bevölkerung. Und dies nicht, weil die Union rechtsextremistisch wäre, sondern weil sie auf die Wähler der Nazis schielt und auf dumpfe Instinkte, die ja keineswegs beschränkt sind auf die rechte Szene. Der Union fehlt das politische Konzept, auch weil Rot-Grün in die Mitte gerutscht sind. Die Union leidet unter einem latenten und manchmal auch ausbrechenden Führungsstreit. Der hessische Ministerpräsident Roland Koch hat vorgemacht, wie man aus dem Dilemma herauskommt: Man setzt auf das gesunde Volksempfinden. »Ausländer raus« heißt auf Christdemokratisch »Integration, aber bloß keine doppelte Staatsbürgerschaft« oder »Kinder statt Inder«. Das ist die vornehme Variante des Rassismus.

Man darf nicht auf der einen Seite erklären, man kämpfe gegen Neonazis, um ihnen auf der anderen Seite Recht zu geben. »Ich bin stolz, ein Deutscher zu sein« – diesen Nazispruch zitierte CDU-Generalsekretär Laurenz Meyer, angeblich um Begriffe der Nazis zu besetzen. Ich habe den Eindruck, dass eher Begriffe der Nazis die CDU besetzen. Außerdem, da gäbe es noch einiges zu besetzen für Herrn Meyer: »Heil Hitler!« vielleicht oder des Führers Satz über die deutsche Jugend: »Zäh wie Leder, flink wie die Windhunde und hart wie Kruppstahl«. Das ist, zugegeben, polemisch, aber die Frage steht: Warum muss man Begriffe von Nazis besetzen? Weil die so attraktiv sind? Weil Millionen von Deutschen sie toll finden? Unsinn. Müsste man nicht diese Begriffe bekämpfen? Auch den über den Stolz, Deutscher zu sein? Weil er ja auch heißt, man wäre nicht stolz, Franzose, Amerikaner oder Türke zu sein.

Wer originär rechtsextreme Begriffe besetzen will, nutzt den Rechtsextremen. Er vermittelt ihnen und ihren Sympathisanten den Eindruck, dass sie Recht haben. Wenn schon etablierte Politiker das Gleiche sagen ...

Das gilt auch für die populistischen Ausbrüche mancher Sozialdemokraten. Wenn Innenminister Schily erklärt, »das Boot ist voll«, und von »Wirtschaftsflüchtlingen« redet, dann bedient er die Neonazis. Er legitimiert ihre Forderung »Deutschland den Deutschen«. Wenn die Politiker nicht zu jeder Zeit glasklar machen, dass der Rechtsextremismus an den Rand gehört, ziehen sie die Nazis in die Mitte der Gesellschaft. Was soll man von Schröders Äußerung halten, kriminelle Ausländer gehörten rausgeschmissen? Es scheint schwer zu sein, der Verlockung des Populismus zu widerstehen. Und dann regen die gleichen Damen und Herren sich darüber auf, dass Neonazis Fremde verprügeln.

Das NPD-Verbot

Es ist nicht erstaunlich, dass die Forderung nach einem NPD-Verbot aus der CSU kommt. Die Union hofft zu Recht auf die Stimmen der Nazis bei Wahlen. Nicht umsonst verlangt die CSU immer mal wieder auch ein Verbot der Reps (Republikaner), sie sind ebenfalls eine Konkurrenz von rechts. Es geht zuerst um Wahlen und um Stimmen, und dann kommt die Moral. Wenn überhaupt.

Erstaunlich dagegen ist, dass inzwischen auch Grüne und Sozialdemokraten das Verbot der NPD betreiben. Warum diese Meinungsänderung? Einen Verbotsantrag gegen die NPD hätte man schon vor Jahrzehnten stellen können. Die Partei wurde 1964 gegründet und saß Ende der sechziger Jahre zeitweilig in sieben Landesparlamenten. Aufregung aber gab es meist nur, wenn NPD-Vertreter die Massenvernichtung der Juden abstritten. Die Auschwitz-Lüge wurde sogar verboten.

Ich habe den Verdacht, das NPD-Verbot wird vor allem aus einem Grund betrieben: Weil die Politiker hilflos sind in der Auseinandersetzung mit dem Neonazismus. Weil die Medien und viele Menschen aber Taten fordern. Und so tut man etwas, obwohl es nichts bringt. Es ist ein Pseudokampf gegen Rechts. Um das zu begreifen, müssen wir nur zehn Jahre zurückblicken.

Anfang der neunziger Jahre gab es eine Welle rechtsextremistischer Gewalt in Deutschland. Am bekanntesten wurden die Angriffe auf Asylbewerberunterkünfte in Hoyerswerda und Mölln. Aber das war lange nicht alles. Der Publizist Ralph Giordano schrieb 1993 in seinem Buch »Wird Deutschland wieder gefährlich?«:

»Ausländer wurden mit Rauchvergiftungen in Krankenhäuser eingeliefert, anderen mussten Geschosse von Luftgewehren aus dem Kopf operiert werden. Dunkel aussehende Touristen wurden verfolgt und mit ›Ausländer raus!‹-Rufen und Schlägen traktiert. Schädelbrüche und Gehirnblutungen wurden zu Todesursachen für Attackierte, dauernde Gefährdung und ständige Angst zu Motiven für Selbstmorde in den Asylunterkünften.

An einem einzigen Tag, dem 30. August 1992, greifen in Schwerin sechzig Deutsche ein Asylbewerberheim an; werden in Groß-Bieberau (Kreis Darmstadt-Dieburg) mehr als ein Dutzend Schüsse auf eine Unterkunft für Ausländer abgegeben; zünden in Eisenhüttenstadt etwa achtzig Jugendliche ein Gebäude der Zentralen Asylbewerberstelle an; überfallen zwölf Skinheads im sächsisch-anhaltischen Henningen Ausländer mit Steinwürfen, während in Saarlouis Asylanten mit Brandsätzen angegriffen werden – womit noch nicht einmal die Hälfte der allein an diesem Tag registrierten Anschläge aufgezählt wäre.

Dabei stellt die Aufzählung nur den winzigen Ausschnitt eines Universums von Gewalttaten gegen Ausländer im vereinten Deutschland dar, den Bruchteil einer Chronik, die vom Frankfurter Archiv für Sozialforschung seit Jahren erarbeitet wird, eine unerträgliche Lektüre von Tag-für-Tag-Aufzeichnungen. Sie fasst Tausende und Abertausende Anschläge mit fürchterlicher Genauigkeit zusammen, von der drohend erhobenen Faust bis zum vollendeten Mord, und wird von ihren Archivaren dennoch als ›unvollständig‹ bezeichnet – die volle Wirklichkeit deutscher Ausländerfeindlichkeit entzieht sich in ihrer Massenhaftigkeit jeder genauen Statistik. Wenn alle in dieser Vorlage angegebenen Orte als Punkte auf eine Deutschlandkarte übertragen werden würden, sie sähe aus wie ein von Sommersprossen übersätes Gesicht!«

Ich bin gegen das NPD-Verbot. Ich bin überhaupt dagegen, Parteien oder Denkrichtungen zu verbieten. Es nützt nichts im Kampf gegen die Rechtsextremen. Vor ein paar Jahren hat das Innenministerium einige neonazistische Organisationen verboten, es hat nichts geholfen. Die Nazis gründeten neue Gruppen oder sammelten sich in DVU oder NPD. Es geht nicht darum, Neonazigruppen zu verbieten, sondern darum, den Nazismus zu bekämpfen. Und das geschieht genauso wenig wie Anfang der neunziger Jahre. Im November 1992 erklärte der damalige CDU-

Generalsekretär Peter Hintze: »Bundeskanzler Helmut Kohl steht für eine entschlossene Bekämpfung jeglicher Form des Extremismus. Er tritt für ein tolerantes und weltoffenes Deutschland ein.« Klingt das nicht toll? Und was ist geschehen? Nichts, rein gar nichts. Außer dem zwecklosen Verbot einiger Neonaziorganisationen. Es ist eine symbolische Handlung und keine Aktion mit Wirkung. Folgt man den Verbotsbegründungen von damals, so dürfte es die rechtsextremistischen Gewalttaten von heute gar nicht geben. Es wurden Organisationen verboten, und als die Welle der Gewalt aus den Schlagzeilen verschwand, hielten die meisten Politiker die Sache für erledigt. Bis die neue Welle einsetzte, Terrorangriffe und Wahlerfolge für Rechtsextremisten, zum Beispiel in Sachsen-Anhalt.

Pseudoaktionen

Genauso ist es heute mit dem NPD-Verbot. Als immer mehr Menschen von Nazis angegriffen, beleidigt, verletzt und ermordet wurden, waren die Medien voll von Berichten. Natürlich kam die Frage auf: Was wollen die Politiker dagegen tun? Für einige scheint der Anschlag auf die Düsseldorfer Synagoge im Oktober 2000 das auslösende Moment gewesen zu sein. Kanzler Schröder jedenfalls forderte einen »Aufstand der Anständigen«. Inzwischen aber hat sich erwiesen, dass der Anschlag ein Akt der falsch verstandenen Solidarität mit dem palästinensischen Volk gewesen war. Das macht ihn nicht besser. Es zeigt aber, dass viele Politiker nicht auf rechtsextreme Gewalttaten reagieren, sondern auf die Berichterstattung in den Medien. Finden die rechtsextremen Übergriffe auf Seite 10 der »Bild«-Zeitung statt, kratz es kaum einen. Gibt es Schlagzeilen, internationale gar wie nach dem Düsseldorfer Anschlag, regt sich die Politik. Sie will sich nicht vorwerfen lassen, untätig zu sein. Also tut sie was, Hauptsache irgendetwas.

Was machen die Nazis, wenn die NPD verboten wird? Sie gehen zur DVU und/oder gründen neue Vereinigungen. Man kann in Deutschland schneller Parteien gründen, als sie verboten werden können. Viele werden sich als Märtyrer fühlen, ein Verbot schweißt die harte Szene nur noch enger zusammen. Und die Ideologie der Nazis wirkt weiter. Sie ist eben kein Randproblem, sondern Auswuchs der Gesellschaft, in der wir leben.

Und was passiert, wenn das Bundesverfassungsgericht die NPD nicht verbietet? Dann haben die Nazis die höchstrichterliche Lizenz zu lügen. Warum geht die Regierung dieses Risiko ein, wo doch selbst im Erfolgsfall nichts Vernünftiges herausspringt?

Menschen und Unterschiede

Bei meinem Deutschlandaufenthalt hatte ich das seltsame Glück, Debatten über Leitkultur und Nationalstolz zu erleben, als hätten sie seit Jahrzehnten auf mich gewartet. Bei meinem Gespräch mit Bernd Rabehl hat auch die nationale Frage eine Rolle gespielt. Rudi hat sich Zeit seines Lebens für die deutsche Wiedervereinigung eingesetzt. Zugleich war er ein Internationalist, nicht nur politisch, sondern auch im Alltag. Für ihn waren die Guerillakämpfer in der Dritten Welt Genossen, die Kapitalisten in Deutschland aber Feinde.

Rudi hat sich mit der Nazivergangenheit intensiv auseinander gesetzt. Es war für ihn ein Grund, politisch aktiv zu werden und jene zu bekämpfen, die den Mantel des Schweigens über die Geschichte legen wollten. Aber war Rudi nicht trotzdem Nationalist, wo er doch im Gegensatz zur vielen Genossinnen und Genossen die deutsche Wiedervereinigung forderte? Rudi kam aus der DDR, die Mauer trennte ihn gewaltsam von seiner Familie. Darunter hat er stark gelitten. Deutsche Wiedervereinigung hieß für ihn vor allem, die Stalinisten in der DDR zu stürzen, das Kapital im Westen zu bekämpfen, dem Sozialismus eine Chance zu geben und die geteilten Familien wieder zusammenzubringen. Deshalb ist es schade, dass er die Jahre 1989/90 nicht erlebt hat. Schließlich hat Rudi schon 1957, als Siebzehnjähriger, in der Aula seiner Schule in Luckenwalde vor allen Schülern und Lehrern eine Rede für die deutsche Wiedervereinigung und gegen den Eintritt in die Nationale Volksarmee der DDR gehalten. Deshalb durfte er nicht studieren.

Als alte Freunde von ihm, wie Dieter Kunzelmann, Hans Halter und Bernd Rabehl, sowie Rudis Brüder Helmut und Manfred anregten, in der Schule eine Gedenktafel für dieses mutige Verhalten anzubringen, gab es massiven Widerstand der Lehrer. Die wollten nicht daran erinnert werden, wie feige und opportunistisch sie sich zu DDR-Zeiten verhalten haben. Es sagt auch viel aus über den Einfluss der alten Kader. Der Luckenwalder Bürgermeister war einsichtsvoller. Er genehmigte, dass vor der Schule, am Bürgersteig, eine Erinnerungstafel angebracht wurde.

Rudi hat über die Hälfte seines Lebens in Luckenwalde gelebt. Trotzdem erkennen viele Landsleute ihn nicht als Brandenburger an. Sie sagen, er habe nur was mit West-Berlin am Hut gehabt. Aber von Kindesbeinen an wurde Rudi von Brandenburg geprägt. Ich finde, die Brandenburger sollten stolz auf ihn sein und ihn in Erinnerung behalten. Denn er hat doch einiges geleistet für Deutschland. Die Familie, besonders meine beiden Onkel Helmut und Manfred, die sich bei meinem Berlinaufenthalt so rührend um mich gekümmert haben, wird weiter dafür kämpfen, dass Brandenburg und besonders Luckenwalde sich an Rudi erinnern.

Aus der Mitte der Gesellschaft

Die Ausländerdebatten, die heute in Deutschland geführt werden, hätte Rudi für absurd gehalten. Er kannte keine Unterschiede zwischen Menschen, gleich, woher sie kamen. Er mühte sich, in jedem Menschen das Gute zu sehen. Politiker und Kapitalisten hielt er für Charaktermasken, die gewissermaßen politische und wirtschaftliche Gesetze verkörperten. Unterschiede zwischen Menschen ergaben sich aus Herkunft und Rolle, nicht aus Hautfarbe oder Geburtsland.

Kein konkreter Mensch ist austauschbar, es gibt nur diesen und keinen anderen; diese Frau, dieser Mann, dieses Kind, dieses Baby ist die lebende Unaustauschbarkeit.
Aber weder die allgemeine Staatssklaverei des bürgerlichen ZK-Reichs im Osten noch die kapitalistische Produktionsweise im Westen interessiert dieser echt konkrete Mensch. Beide Systeme interessiert der von sich selbst sich entfernen müssende Mensch, die Ware Arbeitskraft, der Funktionsträger usw. Aus Leben wird Arbeit, aus Charakter wird Charaktermaske.
Rudi, 1977

Rudi ist für die Rechten nicht zu instrumentalisieren. Über die Leitkulturübungen von Merz und Merkel hätte er gelacht: Sie wollen, dass alle Menschen in Deutschland so spießig werden, wie die Partei der Spießer es ihnen vorschreibt.

Was soll man tun gegen den Rechtsextremismus? Die Antworten darauf sind schwer, weil man sich über die Ursachen dieses Phänomens nicht einig ist. Die einen behaupten, man solle demokratische Rechte beschränken. Es sei unerträglich, wenn Neonazis durchs Brandenburger Tor marschierten. Ich finde es auch schlimm. Aber unerträglich ist eher die Vorstellung, dass das Demonstrationsrecht eingeschränkt wird. Man kann die Demokratie nicht verteidigen, indem man sie aushöhlt. Die Demokratie abzuschaffen ist ein Ziel der Neonazis. Warum sollte man ihnen dabei helfen? Und glaubt wirklich jemand, der Neonazismus würde zurückgedrängt, wenn mehr Demonstrationen verboten werden? Nein, ich bin gegen schärfere Gesetze und Kontrollen.

Andere Politiker fordern die Bürger zu mehr Zivilcourage auf. Es ist in der Tat beschämend, wenn zig Menschen zuschauen, wie andere misshandelt werden. Daher ist Zivilcourage wichtig. Aber die Politiker, die von anderen etwas fordern, sollten selbst in Vorleistung treten. Indem sie zum Beispiel darauf verzichten, mit populistischen Sprüchen die Zustimmung der Stammtische zu erreichen. Denken wir nur an die Sprüche von der »Leitkultur« oder den »Wirtschaftsflüchtlingen«.

Oder an die Diskussion über die Zwangsarbeiterentschädigung. Da wird subtil der Eindruck vermittelt, geldgierige jüdische Organisationen erpressten die »deutsche Wirtschaft«: Entweder sie zahlt, oder sie wird in Grund und Boden geklagt, vom Imageschaden ganz zu schweigen. Wenn Volkswagen in den USA zu Entschädigungsmilliarden verurteilt wird und weniger Autos verkauft werden, dann gibt es mehr Arbeitslose bei uns. Um das zu verhindern, müssen der Staat und die »deutsche Wirtschaft« bezahlen. Ich glaube nicht an das Märchen von dem moralischen Akt der Entschädigung, den die »deutsche Wirtschaft« leisten will. Die Unternehmer hätten doch schon längst Entschädigungen an ehemalige Zwangsarbeiter auszahlen können. Wer oder was hindert sie daran? Allein die Tatsache, dass nicht ausgeschlossen werden kann, dass irgendein deutsches Unternehmen, das früher Menschen aus anderen Ländern zur Arbeit zwang, vor irgendeinem amerikanischen Gericht verklagt wird. Wenn man Verbrechen begeht, kann man nicht ausschließen, zur Verantwortung gezogen zu werden. In der Diskussion in Deutschland hat man manchmal den Eindruck, als wären die Opfer (die Zwangsarbeiter) die Täter (nämlich Erpresser). Das ist genau das Argument, das Neonazis so gern vorbringen: Die Deutschen sind das Opfer der Geschichte, die Juden (und viele andere) wollen uns armen Deutschen an den Kragen.

Nicht zuletzt aus diesem Grund haben sich in Deutschland so viele Leute auf Norman Finkelsteins Buch »Die Holocaust-Industrie« gestürzt. Endlich bestätigt ein Jude all die Vorurteile gegen die raffgierigen Opferorganisationen in den USA mit ihren schrecklichen Rechtsanwälten.

Ich habe die Finkelstein-Debatte verfolgt und war auch bei der tumultuösen Buchvorstellung in der Berliner »Urania« dabei. Es mag sein, dass Finkelstein in manchem seiner Vorwürfe gegen jüdische Organisation Recht hat. Es gibt Historiker in Deutschland, die dies bestreiten und Finkelstein vorwerfen, persönliche Ambitionen zu verfolgen. Wie dem auch sei, Finkelstein leugnet den Holocaust nicht und ist schon deswegen kein guter Zeuge der Neonazis. Seine Argumente haben außerdem mit der Zwangsarbeiterdebatte wenig zu tun, weil die meisten ehemaligen Zwangsarbeiter keine Juden waren. Schon deshalb kann man Finkelstein nicht zur Entlastung anführen.

Die Wirkung seines Buches in Deutschland hat mit seinen Argumenten wenig zu tun. Gesetzt den Fall, alles wäre wahr, was Finkelstein den jüdischen Organisationen in den USA vorwirft. Würde dies etwas ändern an der Pflicht der Deutschen zur Wiedergutmachung? Natürlich nicht. Wenn es wahr wäre, müssten sich amerikanische Politiker und Staatsanwälte damit befassen. Offensichtlich belastet der Judenmord viele Deutsche so stark, dass sie erleichtert aufschreien, wenn aus berufenem (also jüdischem) Mund erklärt wird, mittlerweile seien die Deutschen das Opfer, nicht mehr die Juden. Das hat nichts mit den historischen Tatsachen zu tun, aber viel mit dem pathologischen Geisteszustand mancher Menschen in Deutschland.

Was ist Rechtsextremismus?

Bevor man sagt, was man gegen den Rechtsextremismus tun kann, sollte man wissen, was er ist. Im Internet fand ich eine bemerkenswerte Rede, sie stammt von Wilhelm Heitmeyer, Leiter des Instituts für interdisziplinäre Konflikt- und Gewaltforschung der Universität Bielefeld. In ihr finden sich Antworten auf unsere Frage. Laut Heitmeyer ist Rechtsextremismus eine Mischung aus Ideologien der Ungleichwertigkeit von Menschen und Gewalt. Diese Ideologien der Ungleichwertigkeit werde auch von Teilen der Eliten unserer Gesellschaft erzeugt. Sie »gewinnen umso größere Legitimation für das gewalttätige Handeln jener [rechtsextremistischen]

Gruppen, je höher die soziale Position derer ist, die diese Ideologien äußern«. Das sollten sich Politiker aller Parteien hinter die Ohren schreiben. Vor allem jene, die glauben, Deutschland sei von Horden nichtsnutziger Fremder umgeben, die nur darauf warteten, sich auf unserem sozialen Netz auszuruhen. Die Entwicklung geht schon schief, wenn man nützliche Ausländer von lästigen Ausländern unterscheiden will. Es ist von da nicht weit zur Unterscheidung zwischen wertvollen und weniger wertvollen Menschen, die in letzter Konsequenz im Begriff des minderwertigen Lebens mündet.

Wenn man es genau betrachtet, ist schon der Begriff »Toleranz« gefährlich, denn er heißt nichts anderes als »Duldung«. Wenn man aber glaubt, dass man Menschen erträgt, dann sind sie bald eine Last.

Rechtsextreme radikalisieren Ideologien, die in der Mitte der Gesellschaft entstehen. Sie sind in gewisser Hinsicht nur konsequenter, denken zu Ende, was angelegt ist. Der Rechtsextremismus schafft nichts Neues, er nimmt das, was die Gesellschaft ihm liefert.

Das gilt auch für die Gewalt. Es gibt in Familien mehr Gewalt als rechtsextreme Übergriffe auf den Straßen. Kinder lernen von ihren Eltern, dass Gewalt Probleme löst. Jedenfalls lösen viele Eltern ihre Probleme mit Gewalt. Männer schlagen Frauen, Eltern schlagen Kinder.

Nicht jeder Jugendliche, der zu Hause geschlagen wird, wird Neonazi. Es gibt auch Neonazis, die in ihrer Kindheit wenig oder keine körperliche Gewalt erfahren haben. Viele Jugendliche kommen in Berührung mit Neonazithesen und begeistern sich nicht dafür. Und doch entsteht die rechtsextremistische Gefahr mit der Kombination aus Ideologien der Ungleichwertigkeit mit Gewalt. Hinzu kommt die Geborgenheit, die Jugendliche in manchen Gegenden in Neonazigruppen finden. Das gilt vor allem für Ostdeutschland, wo die Arbeitslosigkeit etwa doppelt so hoch ist wie im Westen.

Der Einstieg in die Neonaziszene beginnt, wenn Jugendliche das Gefühl haben, ihnen werde gesellschaftliche Anerkennung versagt. Viele Jugendliche fühlen sich überflüssig oder von der Gesellschaft ausgestoßen. Heitmeyer schreibt:

»Wer einem Anerkennungszerfall ausgesetzt ist, erkennt auch andere Personen und soziale Normen nicht mehr an. Die Gewaltschwelle sinkt, und wenn dann noch Legitimationsmuster in Form der Ideologie der Ungleichwertigkeit vorhanden sind sowie Gruppen, die über Stärkedemonstration noch Anerkennung versprechen, dann ist der Prozess vollendet, der viel früher begonnen hat.

Vor diesem Hintergrund geht es nicht um abruptes Auftauchen aus dem Nichts, sondern um komplizierte Abläufe. Am Anfang stehen mit Ausnahme der mit Machtkalkül ausgestatteten Kader zumeist Ängste um die für selbstverständlich gehaltenen Zugänge zum Arbeitsmarkt, adäquatem Wohnraum, Teilnahmemöglichkeiten und Zugehörigkeiten. Die Verunsicherung bildet den Nährboden. Sie ist in großen Teilen der Bevölkerung, vor allem in Ostdeutschland, vorhanden. Am Ende stehen dann jene scheinbaren Sicherheiten, die über Deutschsein und im Extremfall durch menschenfeindliches Verhalten sowie insbesondere auch Gewalt hergestellt werden. Die Wirksamkeit solchen Verhaltens ist verbunden mit einem Ausmaß an Gleichgültigkeit, das inzwischen extrem hoch ist. Genau dies ist nicht verwunderlich, wenn vielerorts die eigene Durchsetzung, also hinter vorgehaltener Hand das Recht des Stärkeren, gepredigt wird. In radikalisierter Form findet man dies auch bei den Rechtsextremen. Diesmal allerdings nicht als individuelle Durchsetzung, sondern als kollektive gegenüber den Fremden oder Schwächeren. Rechtsextreme Parteien und Organisationen sind die Nutznießer sozialer Desintegrationsängste oder -erfahrungen.«

Kultur der Anerkennung

Man kann es auch so sagen: Wenn Menschen nur noch darauf stolz sind, Deutsche zu sein, wird's gefährlich. Deswegen fordert Heitmeyer eine »Kultur der Anerkennung«. Von Beginn an müssen Kinder lernen, andere Menschen zu respektieren. Das ist der Schlüssel zur Bekämpfung des Rechtsextremismus. Es ist schwer durchzusetzen in einer Ellbogengesellschaft, in der Menschen nach ihren Leistungen beurteilt werden. Wer (angeblich) weniger schafft, weniger Geld verdient, ein kleineres Auto hat usw. ist weniger wert. Wer arbeitslos ist, von Sozialhilfe lebt, keinen tollen Job hat usw., wird nicht respektiert. Es sind die falschen Leitbilder. Die Gesellschaft muss mehr Möglichkeiten schaffen, damit Menschen ihre Fähigkeiten entfalten können, wo auch immer sie liegen. Familie, Kindergarten und Schule müssen lehren, dass der Wert des Menschen in seinem Menschsein begründet ist und nicht in seinen Fähigkeiten, andere zu übertrumpfen.

Das ist ein schwerer Weg, aber der einzige, der zum Erfolg führt. Andere Rezepte dagegen sind gut gemeint, aber wenig nützlich. Offenbar reicht Wissen nicht, um den Rechtsextremismus zu bekämpfen. Es hilft eher wenig, Nazis Filme von KZs zu zeigen. Die stete Belehrung über den Holocaust, so richtig sie ist, macht nicht von allein resistent. Stattdessen sollten folgende Fragen beantwortet werden:

Wie können wir Ideologien der Ungleichwertigkeit bekämpfen?
Wie können wir verhindern, dass Menschen früh Gewalt erfahren und als Problemlösung nutzen lernen?
Wie können wir Anerkennung organisieren?

Statt über das NPD-Verbot oder die deutsche Leitkultur zu debattieren, sollten die Politiker Antworten auf diese Fragen suchen. Und sich entsprechend verhalten. Sonst entlarven sich die Sonntagsreden und die billige Betroffenheit als Heuchelei. In dieser Richtung sind wir auf dem besten Weg.

Die dritte APO

Rudi kenne ich nur von Bildern. Zu Hause standen Fotos von ihm, und irgendwann begriff ich, dass dieser unbekannte Mann mein Vater ist. Ich würde mir wünschen, diese Erkenntnis wäre irgendwie spektakulär über mich gekommen. Das Gegenteil ist der Fall.

Meine Mutter hatte Freunde, die mir als Vaterersatz dienten. Ich vermisste Rudi nicht. Mir fiel auch nicht weiter auf, dass Gretchen und meine Geschwister mich nur Marek nannten; das »Rudi« unterschlugen sie, um den Schmerz zu verdrängen. Auch den Kindern, mit denen ich spielte, war es egal, dass es in meiner Familie ein bisschen anders aussah als in ihren. Erst als ich in Hamburg in die Schule ging, fiel mir auf, dass mein Vater nach wie vor berühmt ist. »Ach, bist du ein Sohn von Rudi Dutschke?«, wurde ich immer wieder gefragt, wenn ich mich irgendwo vorstellte. Manchmal sah ich Filme im Fernsehen, in denen Rudi vorkam, oder besuchte mit Gretchen Konferenzen über 1968. Alle waren furchtbar nett zu mir. »Schau doch mal, wie ähnlich er ihm sieht!«, sagten sie. So gerate ich bis heute hin und wieder in den Mittelpunkt, obwohl es mir nicht zusteht. Ich bin zu jung und unerfahren dafür.

Am Anfang habe ich mich gefreut, wie freundlich die Menschen auf mich reagierten. Aber irgendwann begann es mir auf die Nerven zu gehen. Ich bin ich, und Rudi ist Rudi. Aber es wäre zu einfach, zu sagen, ich habe mit Rudi nichts zu tun. Und es wäre falsch. Denn je besser ich meinen Vater kennen lerne, umso mehr achte ich ihn. Er war seiner Zeit voraus, und deshalb ist vieles von dem, was er damals erkannt hat, heute noch richtig. Es ist besonders schmerzhaft, zu erleben, wie ehemalige Genossen von Rudi sich von den gemeinsamen Idealen abwenden und sich gleichzeitig als 68er brüsten. Nein, Rudi war sich treu, bis er starb. Er hat sich nie versöhnt mit dem Kapitalismus und auch nicht mit dem Imperialismus der USA. Er hat nach 1968 neue Gründe gefunden, den Kapitalismus zu bekämpfen, vor allem Atomwahn und Umweltverschmutzung. Es würde den Grünen gut bekommen, sich auf diese Ideale zurückzubesinnen. Es ist doch besser, als in teuren Klamotten in Yuppie-Discos mit Gesichtskontrolle den Politstress abzuzappeln. Ja, ja, das ist oberflächlich, aber an der Oberfläche zeigt sich, wie es darunter aussieht.

Mein Interesse an Rudi steigerte sich, als die Fischer-Debatte losbrach. Je länger über Fischer gestritten wurde, desto mehr wuchs bei mir der Eindruck, es geht um mehr als um Fischer. Es geht darum, die Errungenschaften der Rebellion von 1968 wegzudiskutieren. Die Konservativen schmerzt es immer noch, dass die 68er die gesellschaftlichen und politischen Wurzeln des Nationalsozialismus wenigstens zum Teil aufgedeckt haben. Ihre Kritik stieß in eine Verdrängergesellschaft. Hitler war eben kein Betriebsunfall, kein außerirdisches Phänomen, sondern Produkt des deutschen Nationalismus und ins Amt gehievt von Konservativen, deren geistige Nachfahren sich heute als Superdemokraten geben. Die Linke war immer gegen Nationalsozialismus und Krieg. Und sie hat Recht behalten. Das tut den Konservativen weh. Deshalb malen sie das Kitschbild von der von Anfang an unbefleckten Demokratie in Westdeutschland. Dass nun gerade diese Kreise auf dem Nationalstolz herumreiten, macht die Sache gleichermaßen pikant wie lächerlich. Keine politische Strömung hat der deutschen Nation mehr geschadet als die Rechte.

Anpassung oder Widerstand

Die Rechte hat sich offenbar wenig geändert. Bei manchen Vertretern der Union bin ich mir nicht sicher, was sie im Krisenfall täten. Ob sie sich dann immer noch an die demokratischen Regeln hielten?

Bei vielen Linken allerdings ist die Änderung augenfällig. In der Regel nicht zu ihrem Vorteil. Manche von denen, die vor kurzem noch eine Revolution machen wollten, sind heute zufrieden, dass es ihnen gut geht in wichtigen Ämtern mit dicken Gehältern. Da lässt es sich leicht auf den Sozialismus verzichten. Als Rudi dereinst den »Marsch durch die Institutionen« forderte, verkannte er die Kraft der Institutionen. Am Ende des Marsches sind viele Marschierer genauso wie jene, gegen die zu kämpfen sie angetreten waren.

Es fehlen nicht die Gründe, für eine bessere Gesellschaft zu kämpfen. Aber einigen sind die Motive abhanden gekommen. Sie nutzten die linken Bewegungen, um ihre Machtgeilheit zu befriedigen. Ihnen ging es nicht um die Inhalte der Politik, sondern um die Steigerung ihrer persönlichen Macht. Das alles hat nichts mehr zu tun mit Rudis Überzeugungen.

Turbokapitalismus

Der Sowjetblock ist zusammengebrochen. Das ist ein Riesenfortschritt. Aber seitdem zeigt der Kapitalismus alle schlechten Kräfte, die in ihm stecken, noch unverhohlener als vorher. Vom Turbokapitalismus ist die Rede. Die Dritte Welt ist längst an den Rand gedrängt und kommt nur noch vor als Objekt des Mitleids, wenn überhaupt. Die armen Länder hatten in bestimmter

Weise profitiert vom Konkurrenzkampf der Systeme. Die verfeindeten Blöcke suchten Bündnispartner und mühten sich, ihre Einflusszonen zu vergrößern. Da sprang hin und wieder etwas ab für die Hungerleider.

Der Wachstumswahn des Kapitals bedroht heute sichtbar das Überleben der Menschheit. All die Erfolge, deren sich auch die Grünen preisen, sind Tropfen auf den heißen Stein. Gerade wird diskutiert, ob Deutschland das Ziel einhalten kann, den Ausstoß von Kohlendioxid im Vergleich zu 1990 um fünfundzwanzig Prozent zu verringern. Kein anderes Industrieland habe sich ein so anspruchsvolles Ziel gestellt, behauptete schon die Regierung Kohl. Und die Grünen plappern es heute nach. Obwohl sie wissen, dass die Bürger beschummelt werden. Denn ein großer Teil der CO_2-Einsparung geht zurück auf die Stilllegung der Braunkohledreckschleudern im Osten und anderer großer Umweltzerstörer. Das Deutsche Institut für Wirtschaftsforschung erklärte im April 2001, Deutschland werde sein Klimaschutzziel nicht erreichen. Prompt widersprach der grüne Umweltminister Trittin. Dabei geht es doch gar nicht darum. Vielmehr müssen die Kohlendioxidemissionen nach Expertenmeinung mindestens halbiert werden, damit das Klima wieder ins Gleichgewicht kommt. Und davon sind alle Industrieländer unendlich weit entfernt. Es hat keinen Sinn, immer wieder auf die USA zu zeigen, wenn man selbst das Notwendige nicht tut. Notwendig ist nicht, was die Umweltminister Töpfer, Merkel und Trittin sich ausgedacht haben, sondern was die Lage der Umwelt erfordert. Gemessen daran versagen sie alle. Bei den Grünen hatte ich es nicht erwartet, aber es besteht immer noch Hoffnung.

Aber geht es den Bündnisgrünen überhaupt noch um die Umwelt? Beim immer wieder aufkochenden Richtungsstreit befassen sich die Protagonisten vor allem mit der Frage, mit welchen Themen man mehr Wähler bekommt. Die einen warnen, links von der SPD gebe es keinen Platz mehr, also solle man sich rechts von den Sozialdemokraten einsortieren. Öko-FDP eben. Die anderen fühlen sich immer noch alten und doch so aktuellen Werten verpflichtet. Und dann gibt es welche, denen sind die Themen ganz egal, Hauptsache, sie können sich profilieren.

Nachdem Parteienforscher die vielen Wahlniederlagen der Grünen damit erklärt haben, dass potenzielle grüne Wähler von der Partei eine konsequentere Umweltschutzpolitik erwarten, hat zurzeit mal wieder die Ökologie eine Chance, obwohl sich die Machtexperten dafür gar nicht interessieren. Und wenn morgen die Demoskopen sagen, die Grünen hätten vor allem mit frauenfeindlichen Themen mehr Chancen, ja, was dann? Je länger ich die Politik betrachte, desto mehr wächst mein Misstrauen in die Bereitschaft vieler Politiker, ihren Grundsätzen treu zu bleiben.

Manipulation bzw. Verdummung

Für die 68er, auch für Rudi, war die Massenmanipulation durch Medien ein zentraler Gedanke. Wie kommt es, dass so viele Menschen ihre eigentlichen Interessen nicht erkennen, fragten sie. Sie entdeckten Presse, Rundfunk und Fernsehen, die alles daran setzten, die Menschen zu verblöden. Damals hatten Springer-Zeitungen in West-Berlin einen Marktanteil von etwa siebzig Prozent. Am meisten verkauft wurde die »Bild«-Zeitung. Daran hat sich bis heute nicht viel geändert. Nur wurde die Bedeutung der gedruckten Medien in den

Schatten gestellt vom Fernsehen. Verglichen mit dem Einfluss heutiger Medien kommen einem die sechziger Jahre geradezu idyllisch vor.

Das Fernsehen, vor allem die privaten Sender, vermitteln den Eindruck, dass die Menschen nie so gut informiert waren wie heute. Das ist aber nicht wahr. Denn informiert wird im Sekundentakt über das, was abbildbar ist. Wovon es kein Bild gibt, findet nicht statt. Aber selbst wenn es Bilder gibt, müssen sie quotentauglich sein. Man schaue sich nur an einem Nachmittag einmal eine x-beliebige Talkshow an. Da werden Pseudoproblemchen geltungssüchtiger Hohlköpfe stundenlang ausgewalzt. Die Nation erregt sich über Boris Beckers Kinderkram oder Bohlens neue Freundin. Es ist unglaublich.

Aber selbst wenn die TV-Sender plötzlich beschlössen, aufklären zu wollen, sie könnten es nicht. Die Wirklichkeit ist eben kein Bild. Analyse gibt es selbst in Politmagazinen bestenfalls auf Sparflamme. Die Realität ist zu komplex fürs Fernsehen. Die Ökonomie des Kapitalismus, die Entwicklungsprobleme der Dritten Welt, die komplexen Wirkungszusammenhänge des Ökosystems Erde – kurz: alles, was wirklich wichtig ist – wird ausgeblendet. Die Medien haben sich mit der Politik zu einem fast geschlossenen System verbunden. Sie geben sich gegenseitig die Stichworte für lachhafte Debatten und nehmen sich gegenseitig wichtig.

Die Menschen werden heute noch stärker manipuliert als 1968. Nur protestiert kaum mehr einer dagegen. Viele 68er sitzen in den Redaktionen und tragen dafür eine Mitverantwortung.

Immer ist es den Mächtigen gelungen, die Menschen für ihre Ziele einzuspannen. Die amerikanische Revolution von 1776 fand statt, weil die Reichen keine Steuern mehr an England zahlen wollten. Sie mobilisierten die Armen für patriotische Gedanken, für Freiheit und Selbstbestimmung, um sie am Ende allein auszubeuten. Heute dienen die Medien dazu, den Menschen vorzugaukeln, nur das sei wichtig, was TV-Sender und Zeitungen berichteten. Und die Politiker freuen sich, dass jeder Unsinn, den sie von sich geben, die Blätter rauschen lässt.

Eine Utopie

Ich kann es nicht beweisen, und doch habe ich keinen Zweifel: Rudi wäre heute genauso Revolutionär, wie er es immer war. Er hätte den Kurs der Grünen anders mitgestaltet. Er würde weiterhin gegen Manipulation und Kapitalismus kämpfen. Er würde durch seine Grundsatztreue und Unbestechlichkeit verkörpern, wie der Kurs in die Zukunft aussieht.

Auch wenn der Sozialismus als Gesellschaftsmodell heute kaum eine Rolle mehr spielt. Die Ideen, die in ihm stecken, die Vorstellung von einem Prozess, in dem die Macht des Kapitals zurückgedrängt wird, der Traum von einer Gesellschaft, die frei von Ausbeutung und Profitstreben ist, all das ist eine Utopie, für die es sich zu kämpfen lohnt.

Wenn wir sagen außerparlamentarisch, soll das heißen, dass wir ein System von direkter Demokratie anzielen – und zwar von Rätedemokratie, die es den Menschen erlaubt, ihre zeitweiligen Vertreter direkt zu wählen und abzuwählen, wie sie es auf der Grundlage eines gegen jedwede Form von Herrschaft kritischen Bewusstseins für erforderlich halten. Dann würde sich die Herrschaft von Menschen über Menschen auf das kleinstmögliche Maß reduzieren. Ich denke, dass diese Gesellschaft im Laufe eines langen Prozesses der Bewusstwerdung von vielen und immer mehr werdenden Menschen tatsächlich das Stadium erreicht, da die Menschen das Schicksal in die eigene Hand nehmen können, nicht mehr bewusstlos als unpolitische Objekte von oben durch die Bürokratie, durch das Parlament oder durch was auch immer manipuliert werden. Die Menschen müssen sich dauernd ihrer selbst verunsichern, damit sie fähig werden, alle sich neu ergebenden Möglichkeiten – Reduktion von Arbeit, Entwicklung sinnlicher Phantasie, Abschaffung von Elend und Krieg – zu verwirklichen. Der biblische Garten Eden ist die phantastische Erfüllung des uralten Traums der Menschheit. Aber noch nie in der Geschichte war die Möglichkeit der Realisierung so groß. Rüstung, unnütze Verwaltung und Bürokratie, unausgenutzte Industriekapazitäten, Reklame bedeuten eine systematische Kapitalvernichtung. Die wiederum macht es unmöglich, den Garten Eden historisch zu verwirklichen.

Rudi, 1967

Die bisherigen außerparlamentarischen Bewegungen, die von 1968 und die der siebziger und achtziger Jahre, haben viel erreicht. Sie haben beigetragen zur Demokratisierung und zum Bewusstsein, dass unsere Lebensweise die Umwelt zerstört. Aber die wichtigsten Aufgaben sind geblieben.

Den Grünen von heute fehlt der Antrieb, diese Aufgaben zu lösen. Sie haben sich längst auf ein politisches System eingelassen, das ihnen Ämter einbrachte, aber nicht die Macht, die eigenen Ziele zu erreichen. Heute bejubeln sie ihre Kompromisse als Siege.

Im Wendland habe ich gesehen, dass es keineswegs

abwegig ist, dass eine neue außerparlamentarische Bewegung gegen Kapitalismus und Umweltzerstörung entsteht. Viele jener, die einst bei den Grünen mitmachten und auf sie hofften, werden dazustoßen, wenn die dritte APO ihren Protest auf die Straßen trägt.

Ich danke

meinem Vater Rudi Dutschke für die Inspiration, dieses Buch zu schreiben; meiner Mutter Gretchen Dutschke-Klotz für eine gute Erziehung; meiner Schwester Polly Dutschke und ihrem Freund Michael Bak, meinem Bruder Hosea Dutschke und seiner Freundin Line Arlien-Søborg, meinem Neffen Alexander Dutschke und meiner Nichte Kalinka Dutschke, weil ihr meine Familie seid und ich euch liebe; meinem Onkel Manfred Dutschke und seiner Frau Heidi Dutschke, meinem Onkel Helmut Dutschke und seiner Frau Birgit Dutschke für die Großzügigkeit und Warmherzigkeit gegenüber einem verschollenen Neffen; Hans und Regina Halter für Rat und Unterstützung; Greg Meyerhoff, Nick Gordon, Michael Davis, Kelly Fahrenkopf, Aaron Goldman, Philipp Kersting, Dan Bertrand, Nike Wessel, Cecil Egwatu, Elaine Dedeglov, Tom Cheng und Richard Feuer, weil ihr gute Freunde seid; Christian v. Ditfurth für die gute Arbeit, die er geleistet hat. Natürlich bedanke ich mich auch bei allen, die mir von meinem Vater erzählt haben, und allen, die mir während meines Aufenthalts geholfen haben. Leider fehlt der Platz, alle einzeln zu erwähnen.